Verlag Bibliothek der Provinz

Veronika und Karl Pangerl
Salzkammergut
und Pyhrn-Priel
in seinen Sagen

herausgegeben von Richard Pils
lektoriert von Brigitte Böhm-Mühlauer

ISBN 978-3-99028-517-6

© *Verlag* Bibliothek der Provinz
A-3970 WEITRA 02856/3794
www.bibliothekderprovinz

Veronika und Karl Pangerl

Salzkammergut
und Pyhrn-Priel

in seinen Sagen

Vorwort

Individualität wie Kultur sind in ihrem Innersten Geheimnis. Dieses wird lebendig in der Liebe und dort, wo der Mensch an seine Grenzen stößt und das Reich der Fragen und Ängste beginnt: in Naturgewalten, Einsamkeit, Leben und Tod. In Märchen und Sage werden diese Grenzen als Bereiche des Übergangs nicht tabuisiert, sie werden vermenschlicht.

Naturgesetze sind, wie alle Gesetze, normativ. Hinter ihnen steht das Primat der Sicherung menschlicher Zivilisation. In den Sagen aber gilt das Grundprinzip von Ehrfurcht, Respekt dem Anderen, noch nicht Verstandenen oder Unverstehbaren gegenüber. Es geht um ein Miteinander auf den ersten Blick fremder Wesen und Welten in wechselseitiger Akzeptanz, um leben und leben lassen und darum, zu begreifen, worauf es im Leben ankommt: in Seelenstärke, Vertrauen, Mitgefühl und tätiger Hilfe, die eigene Angst zu überwinden und Grenzen als Aufbruch in andere Welten mit besonderen Gesetzmäßigkeiten zu achten, wobei – mit Martin Buber – im Du das Ich zum Wir wird.

Sagen sind Orte der Bewährung, indem es gilt, Entscheidungen zu treffen und in diesen vor sich selbst, aber auch vor höheren Mächten Stand zu halten. Das Gute entsteht, wo kosmische, soziale und individuelle Ordnung in Einklang leben. Dem »Bösen« verfallen ist, wer diese Harmonie verloren hat und zu Unruhe, Rastlosigkeit, Heimatlosigkeit verurteilt ist. Menschlicher Fortschritt in Sagen ist somit nie denkbar ohne Einbettung in ein größeres Ganzes und als solcher einer, der weniger auf das materielle Umfeld abzielt als auf das Seelische und Zwischenmenschliche. Sicherlich – sie alle haben Träume von Gold und Schätzen – aber nur in den Händen derer wird Reichtum zum Segen, die seinen Verlockungen ethisch gewachsen sind.

Und so wirken sie, die launischen Wesen der Zwischenwelt – necken die Menschen, foppen sie, stellen sie auf die Probe, helfen ihnen aber auch, wenn es darauf ankommt. Und so manch ruhelose Geister sind selber froh, wenn es jemanden gibt, der die Barrieren von Furcht und Vorurteil überwindet und ihre Stimme hört, sich auf sie einlässt, ihnen auch hin und wieder hilft in ihren oft allzu menschlichen Nöten und Ängsten vor Verlorensein und den Elementen der Finsternis.

Nacht und Licht. Die Sage als Ort, wo einander die lebensbejahenden Kräfte finden und stützen im ewigen Hin und Her mit dem Reich der Schatten, das dem Leben gerade im harten Kontrast das Bewusstsein seiner Kostbarkeit eröffnet, den Kosmos der Farben und Gefühle, von Gewissen, Hoffnungen und mutigem, der Nächstenliebe verpflichtetem Handeln.

Erzählungen sind Wahrheiten, die ihr Geheimnis bewahrt haben. Erzählungen, die die Zeiten überdauern, sind Fenster zur Seele des Menschen und seines Ursprungs überhaupt.

Dr. Karl Pangerl

ORIENTIERUNG

Die Sage ist die mündliche Überlieferung einer für wahr gehaltenen oder auf einem wahren Kern beruhenden Begebenheit, der Name eine Bildung um das altgermanische »sagen«, verwandt mit der lateinischen Aufforderung »sag an!«, »erzähle!«.

Die ausgewählten Sagen umfassen ein Gebiet, das sich im Bereich der oberösterreichischen Kalkalpen vom Zeller- oder Irrsee über das äußere und innere Salzkammergut bis in die Pyhrn-Priel-Region erstreckt. Den westlichsten Punkt markiert ein verhexter Melkschemel, den südlichsten Schloss Grub am Hallstätter See, die Rüdenburg aus der Sage, und den östlichsten die Stummer-Mühle im Ursprungstal des Pießlingbaches am Rande des Windischgarstener Beckens.

Veronika und Karl Pangerl

ÜBERSICHT

Vorwort 5
Orientierung 7

MENSCHENÄHNLICHE NATURWESEN

Das Goiserer Bergmandl, *Bad Goisern* 15
Der Dank der Bergmandln, *Gmunden* 18
»Hier schau!«, *Hallstatt* 20
Die Wurzenmänner von 1774, *Mondsee* 25
Mooswald, *Bad Ischl, Hallstatt* 27
Das Bergweibl vom Rindbach, *Ebensee* 29
Zimnitzgeist und Trefferwandmandl, *Bad Ischl* 31
Auf der Hutterer Alm, *Vorderstoder, Hinterstoder* 35
Das Mandl mit der Gerstenähre, *Vorderstoder* 37
Der Brennzelten, *Kirchdorf an der Krems* 40
's Mühlmandl, *Salzburger Land* 43
Kasermandl oder Alberl, *Steinbach am Attersee* 45
Das Waldweibl, *Steinbach am Attersee* 48
Wildfrauen, *Hallstatt* 51
Bergfräulein, *Grünau im Almtal* 54
's Bramhosn, *Steinbach am Attersee* 58
»Raucher Wurm« und »Krönlnatter«, *Vorderstoder* 60
Wellenglitzern, *Steinbach am Attersee* 63
Die Nixe vom Laudachsee, *Gmunden* 65
Undine 66

WELT DER SEELEN

Von Irrlichtern, Buchel- und
Fuchtelmandln, *Mondsee, Unterach am Attersee* 71

Das Wilde Gjaid, *Bad Goisern, Attersee, Mondsee* 77
Auf der Ruine Wartenfels, *Fuschlseeregion-Mondseeland* 82
Die Ruine Wildenstein, *Bad Ischl* 87
Die drei Mühlenliachtln, *Höllengebirge* 89

Mythische Tierwelt

Der Bär und der kleine Drache, *Höllengebirge* 95
Die Mondseer Drachenwand, *St. Lorenz* 96
Der Lindwurm im Stoder, *Hinterstoder* 98

Magische Gestalten

Der Kreuzstein von Bad Ischl 103
Das Teufelsloch von Steinbach am Attersee 105
Der Teufelsabbiss, *Unterach am Attersee, St. Gilgen* 109
Teufelsabflug, *Unterach am Attersee, St. Gilgen* 110
Der verhexte Melkschemel, *Zell am Moos* 112

Goldsucher, Wetterlucken und Schützen

Das Büchlein des Venedigermandls, *Roßleithen* 116
Wetterlucken, *Pyhrn-Priel* 119
Der Brotfall, *Hinterstoder* 120

Fürsten, Ritter und edle Fräulein

Das Kreuz des Kaisers, *Hallstatt, Obertraun* 125
Die kleine Gathl und der Erzherzog, *Ebensee* 126
Die Gründungssage des Klosters Mondsee, *Mondsee* 128
Der Viechtauerwind, *Traunkirchen* 131
Die »Schlafende Jungfrau«, *Gmunden, Ebensee* 134
Der Schatzhüter auf der Wunderburg, *Gmunden* 136

Sakrale Kunst

»Maria im Schatten«, *Lauffen* 141
»Maria Hilf« in Mondsee, *Mondsee* 145
Das Zinnglöckerl von Steinbach am Attersee 146
Die Hundsquelle von Steinbach am Attersee 148

Der Sagenkorb von St. Lorenz

Das Laurentius-Patrozinium, *St. Lorenz* 153
Die Schatzwand, *St. Lorenz* 154
Das Mooshäusl, *St. Lorenz* 156
Das Venedigermandl am Klausbach, *St. Lorenz* 159
Triftklause und Thekla-Kapelle, *St. Lorenz* 160
Die kleine Thekla, *St. Lorenz* 162

Die Sage im Volkslied

Auf'm Bergerl is a Manderl 167
Da drunt beim Bach 168

Sagen, Gemeinden, Regionen 170
Wissenschaftliche und heimatkundliche Auskünfte 172
Literaturverzeichnis 174
Biografie 177
Bildverzeichnis 180

Menschenähnliche Naturwesen

Das Goiserer Bergmandl

Bad Goisern

Zu der Zeit, da in den Lehrplänen noch das schöne Wort »Heimatkunde« aufschien, war im Radio von einem Bergmandl die Rede, das den Goiserern jenes Salz versprach, von dem sie immer träumten. Man wurde handelseins, und die Goiserer gewannen an Wohlstand und Reichtum. Verfielen sie dem Hochmut und der Verschwendung? Man weiß es nicht. Jedenfalls vergrämten sie den Schrat, und der bestrafte sie: Eines Tages brach ein Sturzbach aus dem Berg, riss ihre Häuser weg und verschüttete den Stollen und was von der Ansiedlung übrig war mit Geröll und Schlamm. Tatsächlich seien in der Gegenwart bei Bauarbeiten Gebäudereste gefunden worden. Diese Sage ist heute vergessen, und auch die Bauabteilung der Marktgemeinde Bad Goisern besitzt keine einschlägigen Unterlagen.

Die zähen Goiserer gaben jedoch nicht auf. Der »Illustrierte Führer durch Ober-Österreich« aus 1911 berichtet von einer 1874 auf der Suche nach der legendären Salzader bis in 656 Meter vorgetriebenen Tiefbohrung. Wieder schien der Erfolg verwehrt, als im letzten Moment zwar keine Salzader, sondern eine 20 Grad warme, jod- und schwefelhältige Quelle erschlossen wurde. Heilkräftiges Wasser, das als Trink- oder Badekur besonders bei Haut- oder Gelenkserkrankungen hilft. Nach Marie Valerie, der 1868 geborenen jüngsten Tochter des Kaiserpaares Franz Joseph I. und Elisabeth, erhielt der Jungbrunnen den Namen »Erzherzogin Marie Valerie-Jod-Schwefelquelle« und sprudelt munter bis auf den heutigen Tag. Verzieh ihnen das Bergmandl und bot ihnen eine zweite Chance? Diese haben sie jedenfalls genützt. Seit 1955 nennt sich der Markt stolz »Bad Goisern«.

Die geologische Karte zeigt zwischen Kröß und Reitern am Ostufer der Traun acht markante Schwemmkegel. Der zweitgrößte endet am Rande des Ortskernes von Bad Goisern. Im Westen gibt es nur einen Schuttkegel dieser Größenordnung, jenen vor der Ortschaft Ramsau. Zwischen ausgeprägten Erosionskanten führt hier ein Tal ohne ständiges Gerinne bei Schneeschmelze oder Starkregen Material aus den Hängen der Goiserer Kalmberge nach.

Derartige Ereignisse sind für Oberrat Dr. Harald Lobitzer durchaus nicht nur sagenhaft. Hohlräume im Karst können bei Schneeschmelze oder nach Starkregen das anfallende Wasser so bündeln, dass nach Verzögerungen von bis zu einem Tag urplötzlich eine waagrechte Fontäne zehn Meter lang und mit einer Kapazität von zehn- bis zwölftausend Litern pro Sekunde aus einer Kluft schießt. Die Folgen für eine Siedlung in historischer Zeit können den in der Sage geschilderten entsprechen.

Die Sage könnte hier überall erdacht worden sein. Wir entschieden uns für einen prachtvollen Kegel oberhalb der Bohrung zur Jod-Schwefel-Quelle, die ja das Haselgebirge erreicht hatte, nur statt des erwarteten Salzes eine Heilquelle brachte. Ebenmäßig wie ein Harztropfen auf der Borke verjüngt er sich von der Basis an den letzten Häusern von Posern bei 600 Metern bis zum Ansatz auf 645 Metern, den eine vereinzelte Eiche markiert. Kegel und Eiche gehören der Familie Lichtenegger in Posern 10, im Volksmund »beim Klausen«. Der Flurname der Erhebung lautet auf »Putzenriedl«. Der veraltete »Riedel« bezeichnet die Bodenform, doch der »Putz«? Ist das nicht der Kobold, der Gnom – Hüter des Elements Erde, der in Bergmannssagen rücksichtsvolle Bergleute beschützt und pöbelhafte Knappen bestraft? Also doch. Hier muss er gehaust haben, der kleine Elementargeist, das Goiserer Bergmandl. Vielleicht in der Ewigen Wand, keine 500 Meter entfernt. Der Putzenriedl liegt in der oberen Randzone eines Schuttstromes.

Der Dank der Bergmandln
Gmunden

»Auf dem Traunstein war einst ein Holzknecht auf Arbeit; sein Weib hatte ihm in einem ›Sackl‹ ein Stück ›Bunkl‹ mitgegeben; er legte es nicht weit von dem Platze ab, wo er arbeitete. Als er aber sein Mittagessen einnehmen wollte, lag das ›Sackl‹ noch am alten Platze, doch der ›Bunkl‹ war weg, und statt seiner das ›Sackl‹ voller ›Felberblätter‹. Vor Hunger und Unmuth ging er früher, als es sonst wol geschehen wäre, von der Arbeit heim, nachdem er zuvor das ›Sackl‹ ausgeleert hatte. Als er jedoch zu Haus ankam und das ›Sackl‹ auf den Tisch warf, klingelte es, und es fanden sich drei harte Taler darin; drei Felberblätter waren nämlich trotz des Ausbeutelns hängen geblieben. Die Bergmandln hatten den ›Bunkl‹ vornehm bezahlt.« (Amand Baumgarten, Volksmäßige Überlieferung der Heimat, 24. Bericht über das Museum Francisco-Carolinum, 1864)

Als Bunkl gilt in der Region der landesübliche, in einer rechteckigen Form im Rohr gebackene Germkuchen, versüßt allenfalls durch die Beigabe von Rosinen.

Felberblätter, lanzettlich geformt und bis zu 12 cm lang, stammen vom Gilbweiderich, einer Wildblume aus der Familie der Primelgewächse. Bestechend schön die Vielzahl der goldgelben Blüten mit ebenfalls lanzettlichen Kelchzipfeln und rotem Blütenboden. Diese und die entfernte Ähnlichkeit der Laubblätter mit jenen der Weide führen zum Namen Gilb-Weiderich. Manchmal ist er noch als »Felberich« geführt, so nach dem althochdeutschen »falo«/fahl in seiner Bedeutung als Gelbton; die Laubblätter heißen »Felberblätter«, deren Nutzung zu den nie gelüfteten Geheimnissen der Kleinen Leute zählt. Die Blütezeit

Felberich, auch Gilbweiderich

reicht vom Juni bis in den August, zu den Standplätzen zählen nasse Gräben, Moore, feuchte Wiesen und durch Schneebruch, Windbruch oder Hangrutschungen verursachte Bruchwälder.

»Hier schau!«

Hallstatt

Eine besonders hübsche Sage aus Hallstatt verdanken wir Hans Jörgen Urstöger vom Museum Hallstatt. Sie handelt von der Hierschaualm und einem jungen Jäger, der von einem ordentlichen Haus an Stelle seiner kleinen Hütte träumte und von einer stattlichen Eigenjagd gleich dahinter. Doch woher sollte er das Geld nehmen?

So saß er denn ein Stück unterhalb der Alm und hing seinen Wünschen nach, als wie aus dem Boden gewachsen ein feuerrot gekleidetes Männchen vor ihm stand, die Hände voller Goldkörner. »Kannst sie mir nicht nehmen!«, lachte es, als der Jäger danach griff, »doch wenn du fein still schweigst und mir nachgehst, zeige ich dir, wo du davon holen kannst.« Und los ging es hinauf über den Almboden, die Wände entlang. Da und dort rief das Mandl: »Hier schau, hier schau!«, bis es anhielt und meinte: »Hier lag's, hier lag's!« kehrt machte, den Weg zurücklief, den sie gekommen waren, und in einer Felsspalte verschwand.

Hinter der Spalte lag eine Höhle, auf deren Boden Sand lag, in dem es vereinzelt golden schimmerte. Der Jäger schöpfte einen Hut voll und stieg zu den Hütten zurück, wo er mit dem Senn tatsächlich einige Körner Gold aus dem Sand wusch. Doch die beiden wollten mehr und rückten mit Krampen und Schaufel aus. Allein, sie mühten sich umsonst, bis Wasser aus dem Grunde drang und sie zurück mussten. Hätte der junge Mann nicht doch besser geschwiegen?

Zu einem schmucken Häuschen konnte es ein tüchtiger Jäger in kaiserlichen Diensten allemal bringen, wenn er eine Frau fand, die ihre Kreuzer zusammenhielt. Eigenjagden waren zu dieser

Zeit herrschaftliche Privilegien und ohnedies außer Reichweite des einfachen Volkes.

Sage und Schreibweise sind »Heimatlieb, Sagen und Erzählungen aus Hallstatt« von Maria Reisenbichler aus dem Jahre 1926 entnommen. Aus »Hier lag's!« soll Hierlatz geworden sein, und selbst die junge Hallstätter Generation spricht Hierschaualm aus, als dächte sie dabei an das »Hier schau!« des Feuermandls.

Das Weiderecht auf der Hierschaualm ist nachhaltig mit dem »Gam(b)sengut in Obertraun 15 und mit legendären Bäurinnen und Sennerinnen verbunden wie mit der Gambsen Th'res und der Gambsen Susi, Großmutter und Mutter von Sieglinde, der Hüttenwirtin auf der Unteren Sarsteinalm. Die Hierschaualm, auf einer colorierten Postkarte von 1912 noch mit drei Hütten, diente als Niederalm, nach der etwa ab Mitte Juli bis Ende August auf die Hochalm am Sarstein getrieben wurde. Ein Tram des Gambsengutes in Obertraun weist die Jahreszahl 1439 auf.

Die Statistik spricht von einem schattigen Gebirgskessel mit einer mittleren Höhe von 780 Metern, der Geologe angesichts der Gesamtszenerie von einer »alpinen Fjordwand am Hallstätter-See mit Eisgasse zum trogförmigen Hirschkar, zwischen Seewand, Rauherkogel und dem Steilabfall zum Zwölferkogel« in 835 m Höhe, 327 m über dem Seespiegel. (Roman Moser, Hallstätter- und Obertrauner Almen im Bereich des Dachsteinmassivs, 1994) Fotografen werden zum Anstieg den hinsichtlich Topografie, Lichteinfall und Flora großartigen Weg von Hallstatt/Lahn/Kalvarienbergkapelle wählen. »Hier schau!«, wird ihnen da und dort das Feuermandl zuraunen und vor Freude die Holztreppe der als größten einzig verbliebenen Hütte auf- und abhüpfen, wenn sie die Sonnenbahn über der Seewand richtig einschätzten und ihr Ziel bei besten Verhältnissen erreichten. Der alte Almweg entlang der Seewand sei festem

Schuhwerk und dem Abstieg vorbehalten, allenfalls mit abschließendem Tiefblick in den »Kessel«, den Schlund einer riesigen, vorwiegend bei Schneeschmelze auf dem Dachsteingletscher aktiven Karstquelle.

Und Edelmetall? Silbererz wurde am Arikogl in Untersee durch Jahrhunderte geschürft; Gold versteckte das Bergmandl jedoch zu gut – davon wurde bisher keine Spur gefunden. (nach: Harald Lobitzer, Geologische Spaziergänge, Rund um den Hallstätter See, Salzkammergut, Oberösterreich, 2013)

Die Wurzenmänner von 1774
Mondsee

»Als es einst in Mondsee brannte, blieben die Hütten der Wurzenmänner, welche von Holz waren, unversehrt, obwohl mehrere gemauerte Häuser nicht konnten vor dem Feuer gerettet werden. Das Wunderbarste war es, dass sie auch gar nichts anderes thaten, als sich mit kleinen »Sechterln« aufs Dach setzten und daselbst ruhig sitzen blieben.« (Amand Baumgarten, Volksmäßige Überlieferung der Heimat, 22. Bericht über das Museum Francisco-Carolinum, 1882)

Ein Gemälde des Museums Mondseeland mit Datierungen von 1849 und 1851 zeigt die Feuersbrunst von 1774. Die Rauchschwaden ziehen quer zur Ost-West-Längsachse der Stiftskirche, es ist also ein Föhnsturm, der die Flammen anfacht; das gemauerte Gewölbe bewahrt den Innenraum vor Schäden. Völlig verschont bleibt das Marienheiligtum am Hilfberg, wohin Abt Oportunus Dunkl das Allerheiligste in Sicherheit bringt. Unbehelligt auch eine Zeile von vier altertümlichen, kleinen Holzhäuschen am Hangfuß. Der Südwind führt Flammen, Funkenflug und Qualm von ihnen weg. Sind es »die Hütten der Wurzenmänner«, hilfreicher, zwergenhafter Wesen in den bescheidenen Häusern von Holzknechten, die in den hinter dem Hilfberg beginnenden Wäldern ihr Brot verdienen?

Dass und warum gerade diese Gebäude überlebten, beschäftigte das Mondseeland wohl durch Generationen. Schlummernde Mythen wurden lebendig wie das noch intakt gedachte Zusammensein von Naturgeistern und Menschen, das irgendeinmal durch Unvernunft zu Bruche ging. Der Rückzug der Kleinen Leute wird überall dort kommentiert, wo sich eine Sagenkultur

Mondsee 1774: Maria Hilf und die Holzhäuschen bleiben verschont.

erhielt. So »wollte eine Schwaigerin einst wissen, warum die Bergmandln nicht mehr kämen, und sinnierte darüber nach, da stand ein Bergmandl vor ihr und sagte ihr: ›Schuld seid ihr Menschen, weil ihr die Riemengeißel aufgebracht habt, das können wir nicht ansehen, wie das Vieh damit geschlagen wird.‹« (Adalbert Depiny, Oberösterreichisches Sagenbuch, 1932)

MOOSWALD
Bad Ischl, Hallstatt

Moosmandl? Depiny erwähnt sie kurz; die kleinen Kinder von Altenhof im Mühlkreis hätten oft ein Moosmandl auf den Wiesen herumlaufen gesehen. Und Moosweiberl? Ein solches finden wir in der Sagenwelt jenseits der Landesgrenze, in Salzburg, klein und zutraulich. Verängstigt kommt es zu einem Holzknecht gelaufen und bittet ihn um Schutz vor dem Wilden Jäger. Er brauche nur drei Kreuze in den Strunk des eben gefällten Baumes zu schlagen, darauf würde es ausruhen, und die Wilde Jagd vermöchte ihm nichts mehr anzuhaben. (nach: Wolfgang Morscher und Berit Mrugalska, Die schönsten Sagen aus Salzburg, 2010)

Im Abstieg von der Hohen Schrott bei Bad Ischl nahmen wir einen dieser heimlichen Jagdsteige, an denen man vorübergeht, ohne sie auch nur zu bemerken. Mit einem Male fanden wir uns in einer anderen, geheimnisvollen Welt, einer engen, hohlen Gasse, deren übermannshohe Wände dicht mit Moos bewachsen waren, ohne auch nur die kleinste Lücke offen zu lassen. Fixierte man eine dem eigenen Gesichtskreis entsprechende Fläche, sahen einen unzählige, weit offene Augen über geöffneten Mündern an. Vielleicht ein Spiel von Licht und Formen, aber so schien es.

Ich wollte, es gäbe sie wirklich.

Manchmal ist es besser, den Zauber eines Augenblicks nicht zu stören, und so blieb die Kamera im Rucksack. Unvermutet, wie uns der Mooswald aufgenommen hatte, entließ er uns wieder.

Jahre später kamen wir zurück. Es gelang uns nicht, ihn wiederzufinden. Ein Botaniker sagte uns, Gedeih und Verderb dieser Besonderheit hingen extrem vom Feuchtigkeitsgehalt der Luft ab. Die kleinste klimatische Veränderung genüge, und der Mooswald sei verschwunden.

Die auf uns gerichteten Augen waren nicht bösartig oder erschrocken, vielmehr aufmerksam, mit einer Mischung von Neugier.

Mooswald, Echerntal, Hallstatt-Lahn

Das Bergweibl vom Rindbach
Ebensee

Ehe der Rindbach in einem mächtigen Schwemmkegel bei Ebensee in den Traunsee mündet, durchfließt er die Enge zwischen Spitzlstein und Eibenberg. Hier war einst eine Frau mit Buckelkorb und Rechen Laub für den Ziegenstall holen. Eine mühselige Arbeit, denn die Hänge im Rindbachtal sind steil.

Als der Korb voll war, huschte ein Bergweibl heran, ein »Rindbachweibl«, wie sie in Ebensee heißen, und warf noch ein paar Blätter oben drauf: Mehr habe sie nicht, doch das Wenige sei gerne gegeben.

Zu Hause angekommen, streute die Frau das Laub im Stall aus, damit es ihre Geiß frisch und sauber habe. Zeitig am Morgen kam sie mit Amper und Schemel wieder, doch etwas schimmerte in der Streu: Blätter aus purem Gold – welche sonst als jene, die das Bergweibl oben draufgeworfen hatte. (nach: Franz Braumann, Sagenreise durch Oberösterreich, 1970)

Die Armut war damit gebannt, das »Goldackerl« zu finden, das sie erwarb, war uns nicht vergönnt. Vielleicht ist aus ihm der »Altacker« im Rindbachtal geworden, von dem Mag. Ferdinand Daxner weiß. In der Mundart lägen »Goidackerl« und »Oidacker« eng beisammen.

Eine Frau beim Laubat-Heuen im steinigen Reich der Rindbachweibln, wohin kein dazu eigentlich berechtigter Bauer mehr geht: Sie ist so arm, wie 2573 Einwohner es sind, die 1784 in 330 kleinen, engen Häusern leben. (Marktgemeinde Ebensee, Festschrift zur 50. Wiederkehr der Markterhebung, 1979) Aus der Steiermark, aus Kärnten oder Tirol zugewandert, um Arbeit in den Pfannhäusern zu finden. Und Ebensee ist in der ersten Hälfte

Ebenseer Kreuzstich, Nelkenmotiv mit Granatäpfeln

des 19. Jahrhunderts nahezu ausschließlich von Arbeitern ohne Grundbesitz bewohnt – nur wenige Pfannhauserfamilien können sich eine oder zwei Ziegen halten und den Winter über durchfüttern, um den Eigenbedarf an Milch zu decken. Während der Mann zur Arbeit geht, müssen diese Frauen neben dem Broterwerb auch noch Streu, Frischfutter und Heu zur Winterbevorratung im Grastuch auf dem Kopf oder im Buckelkorb heimtragen.

Trotz alledem kommen die Pfannhauserfrauen zu gemeinschaftlichem textilem Werken zusammen, tauschen Kostbarkeiten ihrer Heimat aus. Leitmotive sind die Nelke, das »Nagele«, Symbol der Kreuzesnägel Christi, und der Granatapfel. Der Ebenseer Kreuzstich entsteht.

Zimnitzgeist und Trefferwandmandl
Bad Ischl

Einmal kam ein armer Kalkbrenner zur Trefferwand in der Zimnitzwildnis und stand plötzlich vor einer Kirche. Gold und Silber glänzten im Schein des Ewigen Lichts, und ein Männlein erlaubte ihm, sich damit die Taschen zu füllen. Der Mann zögerte, und schon befand er sich wie zuvor mit leeren Händen unter der geschlossenen Wandflucht.

Ein andermal trieb ein Hüterbub seine Ziegen in die Innere Zimnitz. Aus einem Baum quoll statt Harz Gold, das sich in einem Becher sammelte. Der Knabe wollte zugreifen, doch in diesem Moment sprangen die Tiere so ungestüm herum, dass er die Herde zusammentreiben musste, wollte er keines verlieren. Als er zum Baum zurückkehrte, waren Becher und Gold verschwunden. (nach: Friedrich Barth, St. Wolfgang, 1975)

Findet sich hier eine Zwergengestalt als Zimnitzgeist, so tritt dieser in der nächsten Erzählung stattlich und mit wogendem, weißem Bart als Traumbild vor eine auf der Suche nach dem Lebenskräutlein für die Mutter im Wald eingeschlafene Köhlerstochter. Als sie erwacht, steht er wahrhaftig vor ihr und bittet sie in eine Höhle voller Blumenstöcke, Lebenspflanzen, an denen jedes ihrer Blätter ein Jahr bedeutet. Für die Mutter bleibt nur mehr eines übrig, und auf Bitten der Tochter vertauscht er die Stöcke der beiden. Das Mädchen verliert das Bewusstsein und kommt erst vor der Wand wieder zu sich, das Lebenskräutlein im Schoß.

Als die Mutter gesundet, die Tochter dagegen dahinschwindet, erscheint abermals der Zimnitzgeist, in der Hand den roten Lebensapfel. Ihre Opferbereitschaft soll nicht unbelohnt bleiben. Das Mädchen beißt hinein, und Mutter wie Tochter genesen. (nach: Adalbert Depiny, 1932)

Die Sage mit der Köhlerstochter verläuft wie erwartet: Die Tugend der Opferbereitschaft wird belohnt. Gut so, aber hätte nicht der Kalkbrenner seine Bescheidenheit vergessen und zugreifen, der Halterbub die ihm anvertrauten Ziegen laufen lassen sollen, vielleicht ins Unglück, um schnellen Reichtums willen? Für den Goldbecher hätte er sie vielfach ersetzen können. Oder drehen wir die Frage um: Wären die beiden damit wirklich glücklich geworden?

Innere Zimnitz oder Zimnitzwildnis, das nach Süden sich öffnende Kar des Leonsberges bei Bad Ischl. Die 945 Meter hohe Karwand wird in Gipfelfalllinie von einer zentralen Rinne durchzogen. Alles, was sich hier löst, rauscht, poltert oder dröhnt durch sie in den Talschluss hinunter. Nach manchem Winter überdauert der Lawinenkegel sogar den Sommer, sonst schmilzt er ab. Die Begehung der Wand, erst rechts, dann links der Rinne, eröffnet auf den Ausstiegsmetern einen unvergesslichen Blick hinunter zur Eiskapelle, wo der Zimnitzgeist haust.

Der Köhlerweg im Bad Ischler Ortsteil Kreutern erinnert an einen Kalkofen, in dem noch vor nicht allzu langer Zeit die außerordentlich schönen, weißen Kalksteine aus dem Zimnitzbach gebrannt wurden. Hier entstand die sagenhafte Figur des bescheidenen Kalkbrenners, der die Freigiebigkeit des Zimnitzgeistes nicht ausnützen konnte. Auch die selbstlose Köhlerstochter aus der bekannteren Sage entstammt einer Kalkbrennerfamilie, nur unterschied der Volksmund nicht zwischen Kohlen- und Kalkbrennern. Kohlenmeiler rauchten hier nie, und so wäre auch der Köhlerweg eigentlich als Kalkbrennerweg zu verstehen. (Aus den Kindheitserinnerungen von Kons. Johannes Eberl, Bad Ischl, mdl. 2014.)

Oberlehrer Josef Morbitzer aus Bad Ischl wusste eine Sage von einem Wällischen zu erzählen, der sich vom Wimmerbauern aus Kreutern zur Trefferwand in die Zimnitz führen ließ. Nachdem er diesen entlohnt hatte und sich unbeobachtet glaubte,

holte er ein Büchlein hervor und las daraus. Der Bauer hatte sich hinter einem Baum verborgen und harrte der Dinge, die da kommen würden. Und in der Tat – als der Fremde aufgehört hatte zu lesen, erschien ein Trefferwandmandl mit einem schweren Sack. Der Wällische lud sich die Last auf die Schulter und wandte sich zum Gehen. Das wollte auch der Wimmerbauer, doch die Bewegung verriet ihn, und der andere hielt inne: »Ich habe dich schon gesehen«, rief er ihm zu, »wärst du hinter deinem Baum geblieben, hättest du auch etwas bekommen!« Damit ging er seines Weges, und kein Ischler hat jemals wieder einen Wällischen zu Gesicht bekommen. (nach: Josef Morbitzer, Bad Ischl, und Adalbert Depiny, 1932)

»Wällische« oder »Walsche« galt für alle Romanen, die in den Alpentälern durchzogen oder sesshaft wurden. Die Wurzeln dieser Bezeichnungen sind bei den »Walchen« zu suchen, in unseren Landen verbliebenen römischen Siedlern; sie leben in Ortsnamen wie Seewalchen am Attersee weiter. Anderenorts sind die Männer aus dem Süden als »Venedigermandln« bekannt. Wir werden sie am Klausbach von St. Lorenz am Mondsee und, verbunden mit dem geheimnisvollen Buch, bei einer Mühle im Pyhrn – Priel wiedersehen.

»Wimmerbauer« ist der bestehende Hausname eines Hofes in Kreutern, am Ende des Köhlerweges, bewirtschaftet von den Altbauern Siegfried und Walpurga Sams und den Jungbauern Siegfried und Sonja Sams. Hier nahm die Sage vom Wällischen ihren Ausgang; ein wunderschöner Waldweg führt an den Zimnitzbach und, um das »lange Eck« herum, zu einer wasserüberronnenen Schrofenwand des Langeckriedels: Es ist die sagenumwobene Trefferwand, deren Namen der Wimmerbauer als Ableitung des mundartlichen »Tröpfelns« erklärt. (nach: Siegfried Sams sen., vlg. Wimmerbauer, mdl. 2014)

Auf der Hutterer Alm
Vorderstoder, Hinterstoder

»In den Hutererböden im Stoder trieb eine Schwaigerin die Schafe täglich am Morgen zu einem Baumstock in der Nähe der Alm«, schreibt Adalbert Depiny, und Gottfried Ramsebner führt aus, die Sennerin sei schon alt und vom Bauern nur mit Mühe dazu zu überreden gewesen. Es kam, was kommen musste. Die Sennerin trat vor die Hütte, glitt auf dem Antrittstein aus und verstauchte sich den Fuß. In der größten Not erschien ein Bergmandl und bot seine Hilfe an, setzte sich dem alten Widder zwischen die Hörner, und die Herde folgte den beiden in die Felsen, wo sie die würzigsten Gräser wussten. An dem Zirbenstrunk unweit der Hütte wollte es die Schafe wieder übergeben. Dort wartete denn auch die Schwaigerin mit einer Schale Milch, die das Mandl dankbar auslöffelte.

Es wurde Herbst, der Knöchel genas, und die Schafe trugen ein so dichtes Fell wie nie zuvor. Hatte die Sennerin bisher geschwiegen, so erzählte sie nun dem Bauern die ganze Geschichte. Beide beschlossen, dem Bergmandl ein feines, graues Gewand mit rotem Aufschlag schneidern zu lassen, »weil es gar so zerrissen und abgeschabt daherkam.« Vor dem Abtrieb legte die Schwaigerin das Gewand zu dem Zirbenstrunk und wartete. Erst hielt das Bergmandl inne, als es das Geschenk sah, dann hüpfte und tanzte es vor Freude und sang:

›Ich bin ein Edelmann,
Ich nicht mehr Schafe hüten kann!‹

Trollte sich und ward nie wieder gesehen. (nach: Gottfried Ramsebner, Sagen und Märchen aus dem Phyrn-Priel, 1992)

»Nach cristi gepurdt tausent vierhundert und im sibenundsechcziggisten iar sind geschriben warden all nütz und guldt und rechten« des Benediktinerstiftes Kremsmünster. Im Abschnitt »Der Zehent im Gärstentall« scheinen die Bezeichnung »Im Stoder« sowie die Namen von Hutgrab-, Hutstückl-, Schaffer-, Herzog- und Hanslbauerngut am Hutberg in ihrer historischen Form als Huetgraben, Symon untterm Huet, Schaffer, Datzn Herczogen und Hennsel daselbst auf.

»Der Huatberg geht auf die Hut(t)erer Böden«, erklärt Johanna Ramsebner, »dem folgt der Weg!« Gatte Gottfried lässt in seinem Buch das zweite t weg, denn die Huterer Böden, die Gehöfte »untterm Huet und die Sage vom Bergmandl auf den Huterer Almen verbindet eine gemeinsame Wurzel. (Johanna Ramsebner, mdl., 2014)

Behörnter Widder

Das Mandl mit der Gerstenähre
Vorderstoder

Diese Sage, aufgezeichnet von Gottfried Ramsebner, dem Stockerwirt in Vorderstoder, erzählt von einem Bergmandl, Gerstenähren und einer Alm hoch oben auf dem Tamberg, deren Gras saftiger war als anderswo. Stall, Feld und Acker brachten mehr Ertrag, und niemand kannte den Grund. Bis eines Abends der Bauer bei der druschfertigen Gerste nach dem Rechten sah und durch ein Rascheln zwischen den Halmen stutzig wurde. Vorsichtig zog er »eine Lage Streu beiseite und sah voller Staunen, wie sich prustend und schnaufend ein kleines Bergmandl mit grünem Röckerl und roter Zipfelmütze, mit hochrotem Gesichtchen und wütend blitzenden Augen mühte, einen Halm hinter sich herzuziehen. Mit beiden Händen hatte es den Strohhalm mit der dicken Ähre daran gefasst, stemmte sich mit beiden Füßchen, die in feinen, braunen Stiefelchen steckten, in den Boden und zog und zerrte tüchtig.«

Das Mandl holte sich den Lohn für seinen Anteil am Wohlstand des Bauern und sagte zu ihm: »Lass mich jeden Tag eine Ähre holen und es soll dir gut gehen!« Der Bauer versprach, jeden Tag zu kommen und dem Bergmandl eine auszusuchen. Dieses war zufrieden, »lud sich unter größten Anstrengungen eine Ähre auf die Schultern und verschwand schnaufend und ächzend in einer Spalte.«

Der Handel ging solange gut, bis sich der Bauer einmal nicht von der warmen Ofenbank trennen wollte und seinen Großknecht in die Scheune schickte. Das hätte er lieber bleiben lassen, denn dieser neckte und verspottete das kleine Wesen.

»Bergmandln waren sehr scheu«, heißt es, »und wer sie erschreckte, der vertrieb sie auch ganz von der Alm. Und dann hatte eine solche Alm den Segen verloren.« (nach: Gottfried Ramsebner, 1992)

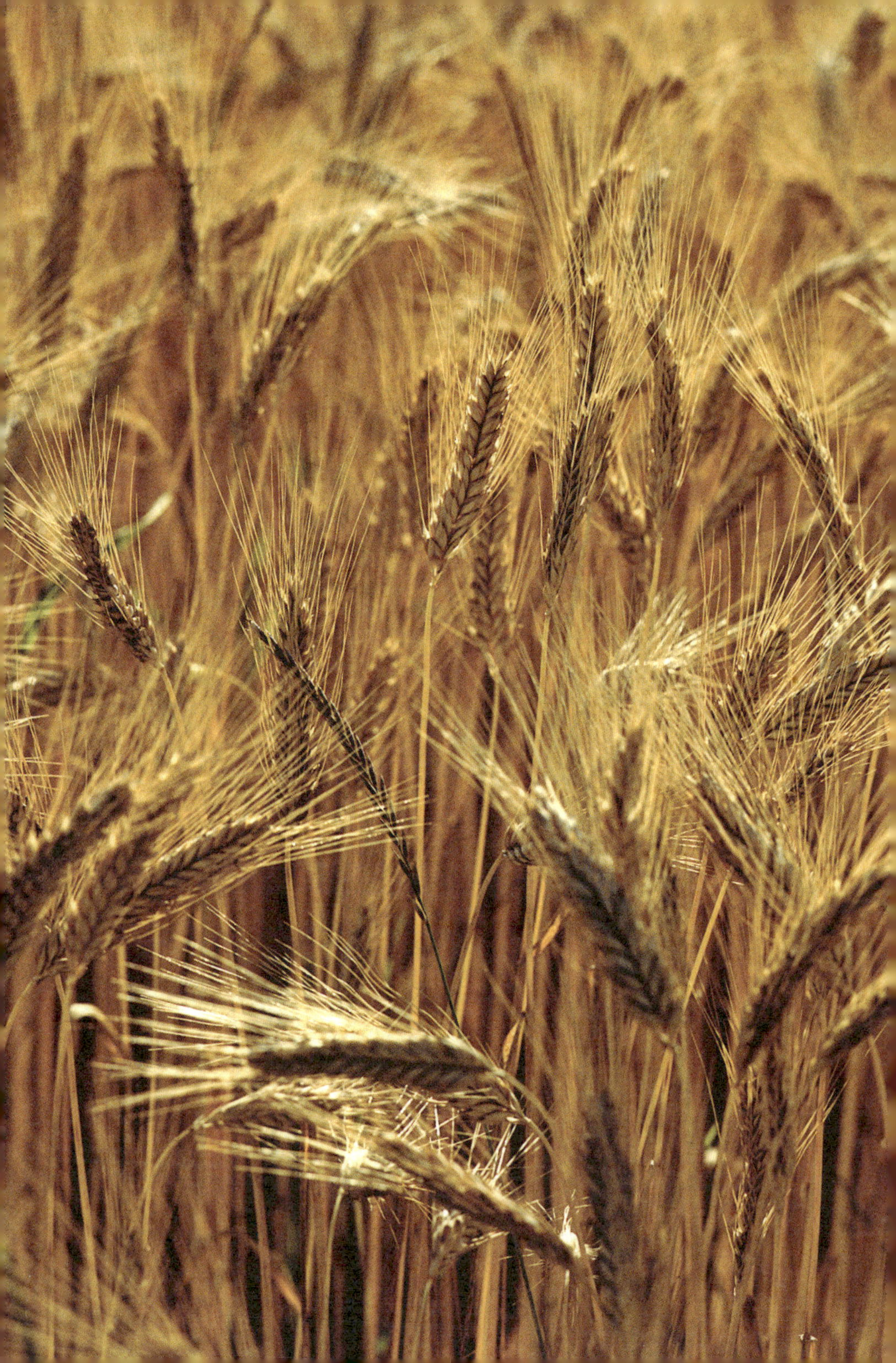

Liegen im Stoder die Gehöfte »untterm Huet« schon auf über 800 Metern Seehöhe, so sitzen sie am Tamberg noch um 120 Meter höher. Als »Ramseben« führt das Kremsmünsterer Urbar von 1467 ein Gut mit einer Erstnennung von 1325. Das Stammhaus, Vorderramseben, ist heute ein florierender Panoramagasthof; die später abgetrennte Hinterramseben führt als Erbhof die bäuerliche Tradition fort. 940 Meter hoch gelegen, 360 Höhenmeter über dem Talboden der jungen Steyr bei Hinterstoder. Die Differenz bedeutet ein Wachstumsdefizit von dreieinhalb Wochen, was durch den arbeitsintensiven Erhalt der Bodenqualität über Jahrhunderte wettgemacht wurde. Weizen und Roggen gediehen, Getreide für das tägliche Brot und gemahlen in der »Wurzermühl«, Hafer für die Pferde, Flachs für den Bedarf an Leinen und – Gerste. Dank ihrer kurzen Vegetationszeit reifte sie bis zum Ausstieg aus dem Ackerbau zugunsten der Weidewirtschaft 1955 bis 1958 verlässlich Jahr um Jahr aus.

Bauernbrot; fünftausend Jahre Geschichte, mit Mehlbrei am Anfang und wohl zufällig auf einer erhitzten Steinplatte entstandenen Fladen. Einmal mit 75 Millimetern im Durchmesser und 30 Millimetern Höhe, wahrscheinlich aus Hirsebrei, ein andermal 40 Millimeter hoch und aus zerschroteten Zwergweizenkörnern gebacken: Funde aus der jungsteinzeitlichen Feuchtufersiedlung See am Mondsee. Den Nachweis von Roggen aus der Endphase des Neolithikums erbringt Weyregg am Attersee. Ab dem 9. Jahrhundert dürfen wir mit Brot aus Roggen, Hafer und Gerste rechnen, schlussendlich mit Roggenmischbrot aus Roggen-, Weizen- und Gerstenmehl.

Der Brennzelten
Kirchdorf an der Krems

Auf einer Passstraße im Bezirk Kirchdorf ist eines Nachts ein Fuhrknecht mit seinen Ochsen unterwegs, so erspart er ihnen die Hitze und die Qual der Stechfliegen. Da fällt ihm ein Licht in den Felsen auf, wo früher keines war. Er hält das Fuhrwerk an, um nachzusehen. Der Lichtschein kommt aus einer Höhle, in der ein Feuer brennt und Bergwichtel um einen Tisch springen, keines größer als drei Spannen. Sie kneten einen Teig und ziehen ihn auseinander. Der Fuhrmann tritt näher: »Was backt ihr da?« »Brennzelten sind das«, antworten sie ohne Scheu und reichen dem hungrigen Fuhrmann einen Zelten frisch aus dem Ofen. »Vergelt's Gott!«, bedankt er sich und wendet sich zum Gehen. Die Bergwichtel jedoch haben Gefallen an dem einfachen und guten Jungen gefunden und halten ihn fest: »Du bist anders als die anderen, und dafür wird der Brennzelten nicht weniger werden, soviel du auch isst. Nur musst du das Geheimnis für dich behalten.«

Beim nächsten Wirtshaus stellt der Fuhrknecht das Gespann ab und kehrt ein. Vom Wirt heimlich beobachtet, beißt er von dem Zelten ab, doch jedesmal wächst der Abbiss unverzüglich nach. Der Wirt, einer von denen, die mangelnde Klugheit durch Schläue ersetzen, verwickelt den Fuhrmann in Fragen, bis sich dieser verspricht und zugibt, sein Brennzelten erneuere sich tatsächlich von selbst. Da war es um das gute Backwerk geschehen; der Fuhrknecht fand nur mehr Brösel in seiner Tasche. Auf der Passstraße soll man ihn nie wieder gesehen haben. (nach: Franz Braumann, Sagenreise durch Oberösterreich, 1970)

Am Anfang der gewerblichen Broterzeugung stand ein Fladenbrot, der Zelten, und sein Hersteller war der Zelter, der spätere

Bäcker. Zelten blieb für flaches Gebäck bestehen und kam im Lebzelten auf uns, dem Lebkuchen.

Für den Brennzelten müssen wir in die bäuerliche Brotkultur mit ihren gemauerten Backöfen abseits des Wohn- und Wirtschaftstraktes zurückblättern. Waren die duftenden Laibe aus dem Ofen geräumt, kehrte man zunächst mit dem Flederwisch, Wisch oder Grossa Glutreste und Asche aus dem Ofen, formte übrig gebliebenen Teig zu Zelten und schob sie hinein. Und weil das mit dem Wisch nicht immer so funktionierte, erhielten sie den Namen Brennzelten oder Aschenzel(t)erl. (nach: Josefa Schneider, vlg. Beim Schmied, Loibichl, und Gertraud Glück, Vöcklabruck, mdl., 2014)

Zum Brotbacken wusste Frau Schneider noch die Geschichte von einer Bäuerin, die am Peterstag buk. Eine Nachbarin wunderte sich: An so einem hohen Feiertag Brot backen? Die Bäuerin lachte: »Peterl hin, Peterl her, Brot is scho im Of'm!« Als sie dann die Laibe herausnahm, waren alle steinhart… (nach: Josefa Schneider, mdl., 2014)

Brennzelten, auch Aschenzel(t)erl

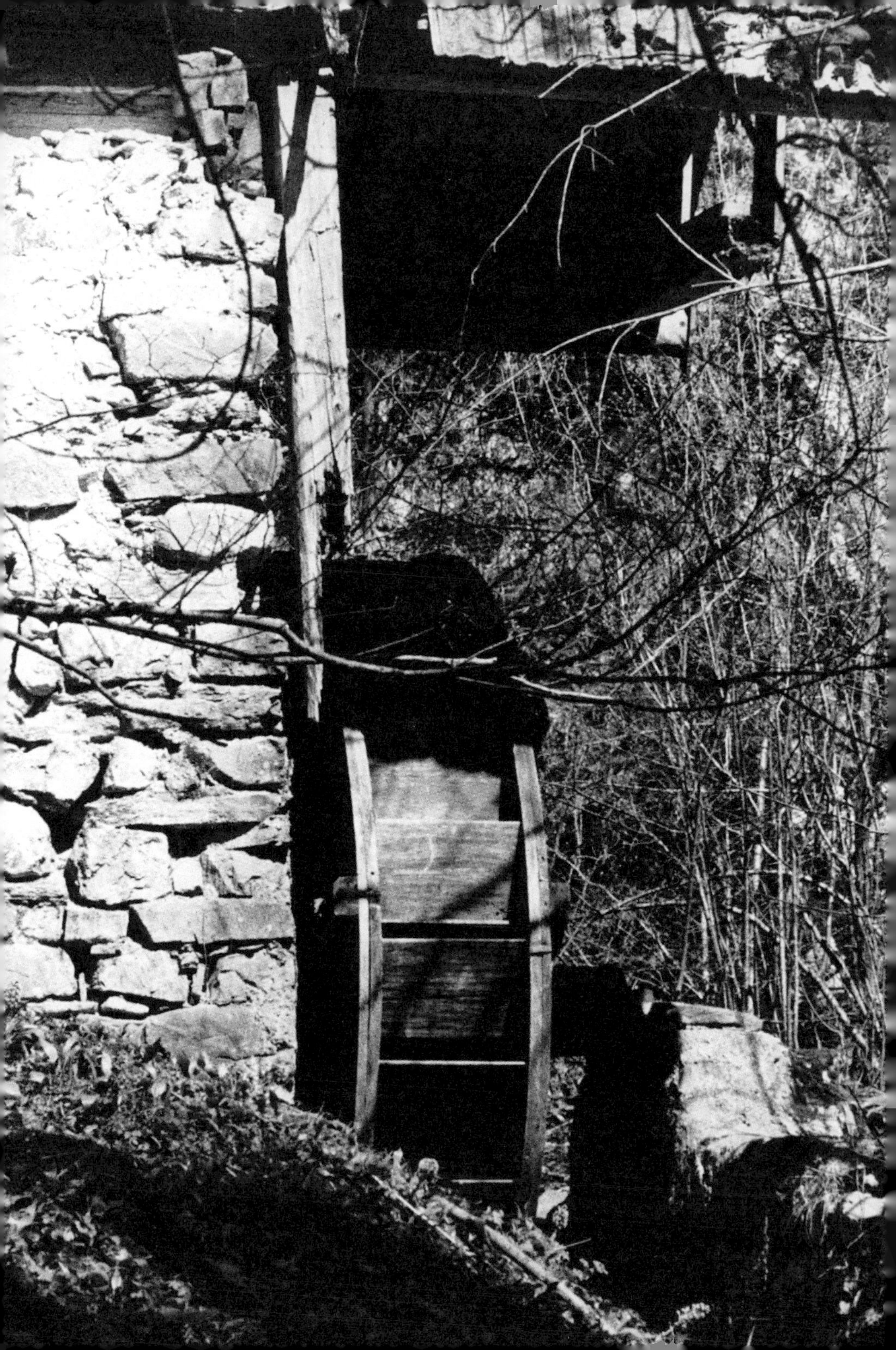

's Mühlmandl
Salzburger Land

Sitzt da ein Bauer auf der Hausbank, müde geworden von der Arbeit. Drunten am Bach steht seine Hausmühle. Erst wurden die Säcke weniger, die ihm die Nachbarn brachten, dann blieben sie ganz aus. Sie mussten wohl zu lange auf das Mehl warten. Nur einer steht noch da, voll mit Korn.

Einmal will der Bauer noch zur Mühle gehen, über das Kamprad streichen, den Duft von Holz und Getreide atmen. Dann soll sie verkauft werden. Nur – der Kornsack steht nicht mehr in der Vorkammer, lehnt am anderen Ende des Mahlganges. Weißer Staub unter dem Zipfel? Es ist Mehl, feines, glattes Roggenmehl.

Der Nachbar ist begeistert, lässt das kostbare Weiß durch die Finger rieseln und will noch einen Sackvoll mahlen lassen. Wiederum lehnt die weiße Leinenhülle rund und glatt vor den Mühlsteinen. Nun wird der Müllner doch neugierig. Als die nächsten ihre Säcke abgestellt haben, versteckt er sich auf dem Dachboden, hebt ein loses Bodenbrett an, lugt durch die Ritze und wartet. Es wird Nacht. Schwaches Mondlicht fällt auf den Fußboden. Eine Diele knarrt, wird von unten hochgehoben. Ein Männchen kommt zum Vorschein, zwängt sich durch die Öffnung, sieht die Säcke, klatscht vor Freude in die Hände und geht ans Werk. Wuchtet mühelos den ersten Sack über den Trichter, drückt das Schossrohr über das Mühlrad. Das Wasser läuft, der Stein dreht sich.

So geht es die ganze Nacht. Der Müllner musste eingeschlafen sein, denn als er aufwacht, ist es hell, und die Diele sitzt wieder fest in den Fugen. In der Ecke stehen die Mehlsäcke…

Nun weiß der Bauer um seinen Wohltäter, doch wie soll er's ihm lohnen? War nicht die Zipfelmütze schon recht abgegriffen, der Rock an den Armen abgewetzt, die Hose ausgefranst? Und waren die Schuhe an den Sohlen nicht schon durchgelaufen? Also macht sich der Bauer zu dem Störschuster und dem Störschneider auf, die gerade im Dorf weilen, und bald hält er das Päckchen mit den neuen Sachen für das Mühlmandl in Händen. Zu tun gibt es nun in der Mühle genug, und wieder beobachtet der Müllner durch den Spalt. Hei, wie hüpft das Mühlmandl nach getaner Arbeit um sein Päckchen herum, schlüpft in Hose, Schuhe und Rock, setzt die neue Zipfelmütze auf sein struppiges Haar. Jetzt habe es neue Kleider, singt das Männchen, nun brauche es nicht mehr zu arbeiten. Biegt das Bodenbrett hoch und verschwindet, wie es gekommen ist.

Es war auch nicht mehr nötig, in der Mühle zu helfen. Der Müllner hat wieder neuen Lebensmut gefasst, das Dach ausgebessert. Die Nachbarn bringen Korn, Weizen und Gerste, und das Mahlwerk klappert so fröhlich wie schon lange nicht mehr. (nach: Franz Braumann, Alpenländische Sagenreise, 1974; aus dem Salzburgischen)

Der Blick über den Zaun ist für die Motivsammler gedacht. Sie werden Freude daran haben, wie der Kleine, manchmal Belächelte, dem Großen aus der Patsche hilft, und dieses an gleichermaßen attraktiven Schauplätzen, der Alm im Toten Gebirge und in einer von Natur aus geheimnisvollen Mühle.

KASERMANDL ODER ALBERL
Steinbach am Attersee

Kasermandl oder Alberl, zwergenhafte und verhutzelte Männchen, die sich von allem Erdenklichen ernähren, beziehen leerstehende Almhütten, buttern und käsen aus Überresten und suchen erst im Frühjahr wieder ihre Schlupfwinkel in den Felsen auf. Wie kein anderer Naturgeist teilen sie Mutwillen, Misstrauen, Eigenwilligkeit und Unberechenbarkeit elbischer Wesen, um ein andermal hilfreich, freundlich und dankbar aufzutreten. Dies, wenn das Zusammentreffen mit Almerinnen und Sennen gewollt erfolgt, jenes, wenn sie, was ihnen gänzlich widerstrebt, überrascht werden.

»Auf die Jäger, die Störer des Alpfriedens, hat es der Alberl besonders abgesehen. Einmal wollte ein Jäger in einer Almhütte, von der schon abgetrieben war, übernachten. Als er eben Feuer machte, hörte er ein Geräusch von Milchkannen in der Milchkammer. Er wollte hineinsehen, da flogen ihm aber Milchstützeln entgegen. Jetzt wusste er, dass er es mit dem Alberl und nicht mit Wildschützen zu tun hatte, und floh die Berglehne hinauf. Aber die Milchstützeln flogen ihm so lange nach, bis er über die Grenze der Alm war. Als er am nächsten Tag zurückkehrte, war alles in Ordnung.« (Adalbert Depiny, 1932)

»Milchstützeln« entsprechen einem aus dem Mittelhochdeutschen abgeleiteten, verkürzten Ding; es flogen ihm also kleinere Kannen um die Ohren als im Tal üblich.

»Die Kasermandln haben im Ögraben ihre Wäsche gewaschen«, weiß Maria Kardeis genau, Berigerin in Berg, Steinbach am Attersee. (mdl., 2914) Zwischen dem Graben und dem Berg-Simon-Hof sprudelt eine Quelle, an der jedenfalls noch um 1946 Wäsche geschwemmt wurde. (Veronika Pangerl)

Almherbst
Zeit für das Kasermandl
Eisenaualm, Schafberg

Franziska (Fanni) Gerlach stammt vom Baumanngut ab, einem stattlichen Erbhof in der Steinbacher Ortschaft Kaisigen. 1788 steht ein Mathias Reichl mit fünf Stück Vieh »auf der Brennet Alpen« im Höllengebirge zu Buche. Auftrieb zu Peter und Paul und durch den Bleggagraben auf die Gaisalm, und nach 14 Tagen hinüber auf die Brennerin. Hüben und drüben bieten drei Almhütten Unterschlupf, so nieder in das Gelände geduckt, dass größer Gewachsene im Rauch des offenen Herdfeuers stehen, wenn sie nicht gleich zwischen den Dachschindeln ihren Weg ins Freie finden. Nach dem ersten Weltkrieg übernehmen Franz und Maria Klausegger den Bauernhof. Sie nützen das bestehende Weiderecht auf der Brennerin nicht, die Großmutter ermahnt jedoch stets, dort oben nach dem Rechten zu sehen. Es sei ein alter Brauch, beim Abtrieb den Kasermandln für den Winter etwas hinten zu lassen. Käse weniger, weil nicht gekasert wurde, eher ein Scherzl Brot, eine Speckschwarte mit etwas Speck daran oder gar eine Schnitte Geselchtes, wie ein Stück Wurst damals für die Menschen selbst eine Kostbarkeit. Unterließe man dieses, wären die Kasermandl ärgerlich und stellten gewiss etwas an. Versteckten allerlei Kochgerät, ein paar bemalte Häferl oder gar den dreibeinigen Pfannknecht vom Herd. (nach: Franziska Gerlach, mdl., 2014)

Das Waldweibl
Steinbach am Attersee

»Ein junges Mädchen hütete auf der großen Schobersteinwiese das Vieh. Mittags langte es gerade nach der Schüssel mit Koch, die ihr die Mutter mitgegeben hatte. Da stand ein runzeliges Waldweibl vor ihr und bat voller Hunger um das Koch. Das Kind war hungrig, gab aber dennoch sein Essen her. Das Waldweibl aß das Koch auf und bat dann um die Schüssel: ›Die meine habe ich zerbrochen und kann mir keine kaufen.‹ Das Mädchen fürchtete daheim Verdruss, konnte aber der Armen den Wunsch nicht abschlagen. Das Waldweibl aber sagte: ›Du gutes Ding, es soll dich nicht gereuen. Warte hier nur eine Weile!‹ Es verschwand eilig im Walde, kehrte aber bald zurück, die Schüssel mit leuchtendem Golde gefüllt, das schenkte sie dem Mädchen. Dieses blieb reich und glücklich sein Lebtag.« (Adalbert Depiny, 1932)

Im Sattel zwischen Rosenkogel und Hoher Schrott steht unvermutet eine Frau vor uns, im abgetragenen Arbeitsdirndl, mit Bergschuhen an den Füßen. Auf einem langen Bergstock, wie ihn Senner und Jäger benützen, steckt ein großer Buschen Latschen, frische, dichte, harzige Triebe. Eine Latschentragerin.

»Griaß di!«, entbieten wir ihr den altvertrauten Gruß, und »Griaß enk!«, klingt's zurück. Ein paar Worte werden gewechselt; wir bewundern die Latschen. »De brauch i für'n Friedhof.« Ob ich eine Aufnahme machen darf? Sie mag sechzig sein, siebzig, vielleicht achtzig. Wie bei vielen Menschen, die in den Bergen leben, ist ihr Alter nicht abzuschätzen. In der Jugend sehen sie etwas älter aus, im Alter jünger. Ich darf. »Jetzt muaß i aber geh'n!« Vor einem Latschenfeld dreht sie sich noch einmal um: »Pfiat enk!«, weht es herüber, und wir erwidern gerne diese noch

»Latschentragerin«

immer lebendige Kurzform von »Behüt' euch Gott!« Dann ist sie verschwunden. Der Latschenwald hat sie verschluckt.

So muss das Waldweibl aus der Sage ausgesehen haben. Knorrig, mit Händen, denen man ein arbeitsreiches Leben ansah, aber mit einem unternehmungslustigen Blitzen in den Augen.

Stolz setzt sich der Kleine Schoberstein als letzter markanter Felszahn von der Masse des westlichen Höllengebirges ab. Wo jedoch liegt die »große Schobersteinwiese«? Unter dem Schoberstein gibt es nur Steilgelände und Hangschutt. Und das Mündungsdelta des äußeren Weißenbaches?

Wir dürfen die Wiese nicht unmittelbar am Schober suchen, sondern nördlich davon, aber trotzdem landschaftlich von ihm beherrscht. Dieser Schlüssel öffnete den Weg zum ehemaligen Försterhaus aus der Zeit des 1850/51 erbauten Forstamtes Attergau. Eingesessene Steinbacher wissen, dass immer ein kleines »Sacherl« dabei gewesen war, eine kleine Landwirtschaft für den Bedarf der Förstersfamilie. Zwei Rinder vielleicht, ein Schwein; die Wiese aus dem kaiserlich-königlichen Aerar groß genug für Heu, Grummet und die Herbstweide. Sie ging fließend in die Mahdschneider- und Haselbauernwiesen über. Hier entstand die Sage von dem Hütermädchen und dem Waldweibl.

Aus der großen Wiese wurde eine in exakten Reihen gepflanzte Obstkultur. Der Malerwinkel aus der Sage jedoch blieb erhalten: ein leuchtender Flecken Grünland mit einem alten Stadel. Eine Lücke im Jungwuchs gibt den Blick auf den fünfhundert Meter hoch aufragenden Kleinen Schoberstein frei.

WILDFRAUEN
Hallstatt

Amand Baumgarten zeichnet zunächst ein kaltes, schwarzes Bild der Wildfrauen und des »Kreuzsteins im Echhorntal« bei Hallstatt.

Der jüngste Sohn des Traunerbauern liebte eine Wilde Jungfrau, von der er einen prächtigen Gürtel besaß. Einmal schlang er ihn um einen Baum, »da that es einen schrecklichen Krach, und Gürtel und Baum flogen in Stücke.« Das kühlte seine Gefühle ab und er fasste »wol den Vorsatz, die Liebschaft aufzugeben.« Gleichwohl genügte ein Wiedersehen, alle Vorsätze fahren zu lassen. Der Bursch folgte der Wildfrau, und als er sich umblickte, war er mitten auf der Echhornwand, er konnte weder auf- noch abwärts und vermochte nur durch Rufen den Leuten im Thal unten die Not anzukünden, worin er sich befand. Niemand konnte ihm Hilfe schaffen, und es blieb ihm nichts übrig, als den Pfarrer zu rufen, der ihm das Heilige Sakrament zeigte und die Absolution gab. Darauf stürzte er ab ... Dies gab Veranlassung zur Aufstellung des am Wege nach Strub befindlichen Christus. (nach: Amand Baumgarten, 1864)

»Der Morgen war schön, nur aus dem Waldbach stiegen Nebel, die wie Gestalten in grauen Schleiergewändern aussahen.« So beginnt Erika Kaftan ihre Fassung. »Steig an solchen Tagen nicht ins Gebirg auf, denn bei diesem Wetter treiben die Wilden Frauen ihr Unwesen!«, war die Warnung des Großvaters gewesen. Der Junge ging trotzdem. Es zog ihn zu einer Sennerin, die er allerdings nicht antraf. Sie sei mit der Sichel Sahergras schneiden, wurde ihm gesagt, und er suchte sie. Die Nebel umschlangen ihn immer mehr, bis er sich ausweglos in der

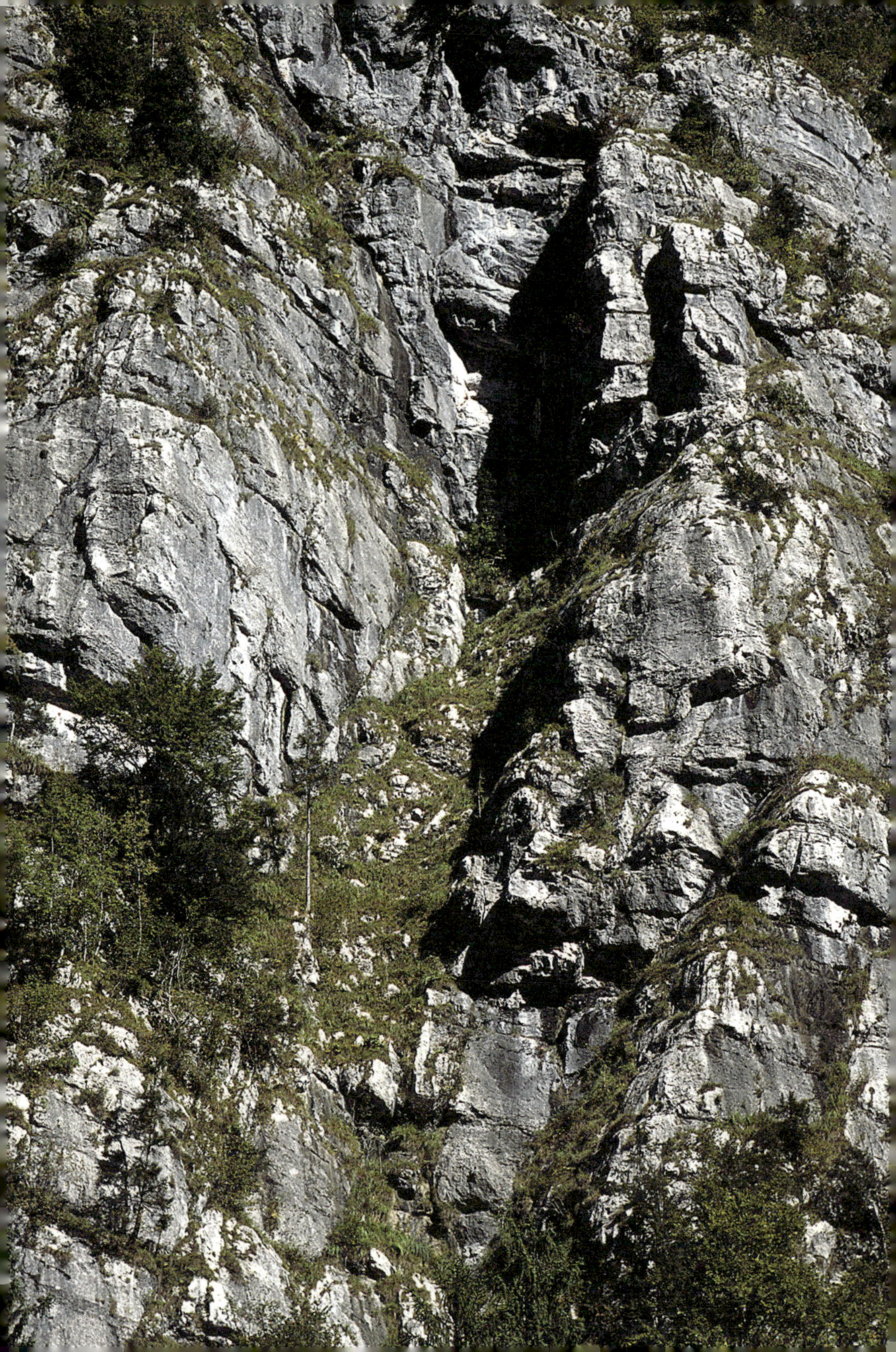

Wand verstieg. Auch hier wird die Errichtung eines Marterls bestätigt. (nach: Erika Kaftan, Wanderungen in der Sagenwelt des Salzkammergutes, 1992)

Urheber dieser meteorologischen Erscheinung ist der Hallstätter Waldbach selbst. Als ungestümes, vom Dachsteingletscher gespeistes Gewässer, tritt es mit nur plus vier Grad Celsius aus und bewirkt damit das feuchtkühle Mikroklima des Echerntales, und wo diese kalte Luftschicht auf Wärme stößt, kommt es zu Kondensation und Nebelbildung.

Nach dem Ursprung durchschneidet der von Literaten, Malern und Naturwissenschaftlern gleichermaßen gepriesene Waldbach in einem Kerbtal die Kalkbänke, befreit sich an der Steilstufe des Waldbachstrub-Wasserfalles und bahnt sich in der Folge am Talboden zwischen Moränen, Findlings- und Bergsturzblöcken seinen Weg. Der haushohe, vermutlich aus der Echernwand gebrochene Kreuzstein mit dem legendären Kruzifix markiert den Beginn des eigentlichen Echerntalweges. (nach: Lobitzer, Harald & Reiter, Robert, Durch das Echerntal zum Waldbachursprung, Geologische Spaziergänge, Rund um den Hallstätter See, Salzkammergut, Oberösterreich, 2013)

BERGFRÄULEIN
Grünau im Almtal

Als schön und freundlich gelten dagegen die Bergfräulein, wie die Wildfrauen auch in Oberösterreich hießen, Beschützerinnen der Gemsen und oft in unmittelbarer Beziehung zu den Menschen, denen sie mit Geschick und Fleiß zur Hand gingen. Niemand wisse jedoch, woher sie kamen und wohin sie gingen, wenn sie sich von einem Tag zum anderen zurückzogen, ohne jemals wiederzukommen. (nach: Adolf Mais, Österreichische Volkskunde für jedermann, 1952)

»Unweit vom Haus des Steinwenders (Grünau) fließt ein Bach, der von den nahen Bergen herabrieselt. An diesem Bach fand sich öfters ein ›Bergfräul‹ ein, um zu waschen. Einmal war es wieder waschend am Bache; da kam ein zweites daher und rief: ›Salerl, Talerl is gstorbn!‹, worauf beide in lautes Weinen ausbrachen und sich nie wieder sehen ließen.« (Amand Baumgarten, 1864)

Quelle dieser Sage ist der Steinwänder-Hof der Familie Sieberer in Grünau im Almtal. Ein als Erbhof ausgezeichneter, gediegener Landgasthof mit Fremdenzimmern und Blumenbalkonen mit Blick zum nahen Ortskern, nach Osten und nach Westen. Im Süden moderne Laufställe mit blitzsauberem Simmentaler Fleckvieh. Ausgewogenheit zwischen Gastronomie, Milch- und Forstwirtschaft.

Motivsuche: Das Häuschen am Wehrbach! Unten gemauert, oben Holz – für die Mostfässer. Ein Schwemmsteg über glasklarem Wasser. Immer schon dagewesen: die Waschkuchl. Hier müssen die Bergweiberl, wie sie Frau Sieberer nennt, ihre Wäsche gewaschen und geschwemmt haben!

Als Fotostandpunkt für die Gegenwart wählt Veronika den Hausgarten. Also hinein ins Gemüse, Stativaufnahme zwischen

Alte Waschkuchl mit Schwemme beim Steinwänder

Dahlien, Minze, Kren und Salat. Frau Karoline Sieberer kommt herein, die Altbäurin, die Gemüseschüssel unterm Arm. Und schon sind wir mitten in der Sagenwelt. Unser Buchprojekt? Dazu ginge am Steinwänder-Hof die Sage von den Zwergerln, die in den Nächten fleißig Feldsteine klaubten. Dass sie Neugier nicht leiden konnten, war bekannt. Trotzdem beobachtete sie einmal eine Bäuerin. Von da an musste sie die Steine selber auflesen, sollten die Sensen nicht stumpf werden. (nach: Karoline Sieberer, mdl., 2014, zit. Walter Ledwed, Lehrer in Grünau um 1970)

Wurden sie zu einer »Steinwänd« aufgeschlichtet und so für Haus und Flur namensgebend? Sie brauchte nicht hoch zu sein; Kühe scheuen sich davor, so einen Steinwall zu übersteigen. »Wollt's in'd Stoa(n)wänd?«, hatte eine Postausführerin gefragt, als wir uns nach dem Weg erkundigten. Und besteht eine reale Verbindung von Feldsteinen zum Hof?

Sie besteht in der Tat, und zwar im stehenden, nach einem datierten Tram 1702 errichteten Mauerwerk, jüngsten Umbauten zufolge aus runden, teilweise bemoosten Steinen aufgeführt. (nach: Katharina Sieberer, Wirtin und Bäuerin, mdl., 2014)

Offen bleibt, wie sich die Sage dem Herrn Professor am »bischöflichen Priester-Seminär« erschloss, anlässlich einer eigenen Wanderung oder durch seine Zöglinge, denen er in der Publikation Dank ausspricht. Jedenfalls zeichnete er neben den »Beri-Weiberln«, wie sie Katharina Sieberer nennt, auch die folgenden beiden Erzählungen über »Beri-Manderln« auf.

»Zum ›Steinwender‹, einem Bauern in der Grünau, kam oft und oft auch ein Bergmandl und that ihm allerlei Dienste. Mitunter hielt es sich auch längere Zeit hindurch im Hause auf und ließ sich zu allerlei brauchen. Der Steinwender stellte ihm als Essen gewöhnlich ein ›Pfannkoch‹ hin; damit war es zufrieden. Als er aber in der besten Meinung von der Welt einen Silbergroschen ins Koch steckte, um dem Mandl doch auch einen Lohn zu geben, entfernte es sich klagend und ließ sich nie mehr im Hause sehen.«

Ebenfalls »beim Steinwender hielt sich einst geraume Zeit hindurch ein Bergmandl auf und liess sich zu allerlei Geschäften und Diensten gebrauchen. Einstens aber erschien ein anderes und rief: ›Auf und ziehe fort; der Habertadl ist todt.‹ Da brach es in bitterliches lautes Weinen aus und verliess das liebgewordene Haus.« (Amand Baumgarten, 1864)

Im »Habertadl« treffen einander Tati oder Dati, der mundartliche oder kindersprachliche Vater, und Tatl, auch Datl, ein (schon unbeholfener) alter Mann. Bei einem Bergbauernbegräbnis der 1970er Jahre in Heiligenblut am Großglockner wurde jeweils der Familienälteste als »Vater« angesprochen, dem noch der von einer besonderen Lage oder Wirtschaftsform hergeleitete Hausname vorangestellt wurde. Im gegenständlichen Falle würde dieses für den »Habervater« (Haber/Hafer) gelten, beim »Talerl« nach Geschlecht und klanglicher Ähnlichkeit für die »Mutter« im obigen Sinne. In der Regel dürfen Großvater und Großmutter angenommen werden, Ahn und Ahne. (Mit Zustimmung von Dr. Wolfgang Janka, Bayerische Akademie der Wissenschaft, München, brfl. 2014)

Nicht weit vom Steinwänder durchbricht die Alm den Sperrriegel einer Würm-Endmoräne. (nach: Raimund von Klebelsberg, Handbuch der Gletscherkunde und Glazialgeologie, 2. Band, 1949) Dazu weiß Frau Sieberer die Sage von einem See, der sich dahinter befand, ehe er eines Tages durchbrach und das Tal mit Schlamm, Sand und Geröll auffüllte. So sei die Grünau entstanden. Erzählgut, das einer glazialgeologischen Grundlage nicht entbehrt. Der über den Talboden 140 Meter aufragende östliche Teil des Moränenrückens fußt im Grünland des Hofes. Da hatten es die Berimanderl und -weiberl nicht weit zum Waschen und Helfen…

's Bramhosn
Steinbach am Attersee

Zogen die ersten Herbstnebel über's Bramhosn, einen dicht bewaldeten Rücken oberhalb der Ortschaft Blümigen in Steinbach am Attersee, raunte die Großmutter ihren Enkeln zu, die Bergfräulein hätten in den vielen Wässerchen dort oben wieder Wäsche gewaschen und ihre feinen Gewebe nun in den Wind gehängt. Käme jemand, verschwänden sie; zurück bliebe nur der Duft aufgeblühter Veilchen. (nach: Erich Weidinger, Sagen und Märchen vom Attersee, 1989)

Wilhelm Kneißl, Hauser zu Blümigen, treibt als letzter Kalbinnen »auf's Danga« und »in'd Hahnleitn«, wie die steilen Bergweiden heißen. (Wilhelm Kneißl, mdl., 2014) Bis im September, dem »Scheiding«, Schleier darüberziehen, an den Lärchen haften bleiben, sich lichten und gegen die Sonne verwehen. Nebel gehört dem urzeitlichen Wortschatz an, Symbol des Ungewissen, jenseits der Wirklichkeit. Ein Gespinst, weiblich, wie das Spinnen von alters her Frauensache war.

Scheiding bedeutet Abschied von den königlichen Farben des Sommers: Blau, Gold und Purpur. Die Zeit des Silbers ist angebrochen. Der Silberdistel, des nunmehrigen Schmucks der Hochweiden. Handtellergroße, silberne Sterne inmitten stachelig-dunkelgrüner Laubblätter. Der Volksmund nennt sie Mariendistel und sieht im Silber der Blütenhüllblätter das Weiß von Muttermilch; beide Farben gelten als uralte Symbole nährender und schützender Mütterlichkeit. Wird es Abend oder droht Regen, biegen sie sich nach oben und decken fürsorglich die Blütenkörbchen ab. Deshalb heißt sie auch Wetterdistel.

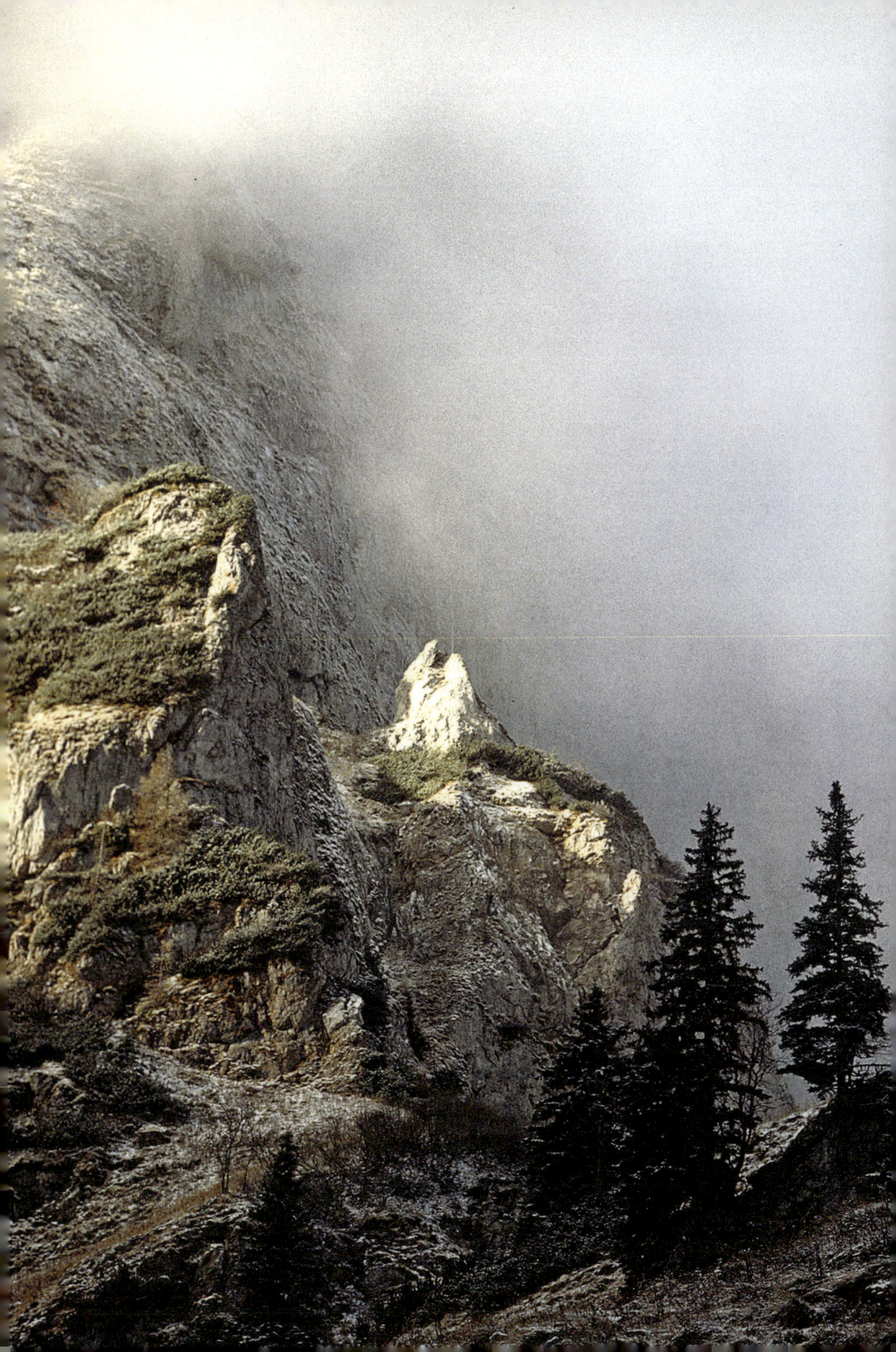

»Raucher Wurm« und »Krönlnatter«
Vorderstoder

»Bei einem Bauern diente einst ein Waldfräulein als Kuhdirn. Namen und Herkunft verschwieg sie stets. Unter ihrer Hand aber gedieh das Vieh so, dass die Bäuerin zu ihrem Verwundern stets Überfluss an Milch, Butter und Schmalz hatte. Fragte sie aber das Mädchen, wie sie es anstelle, war stets die Antwort:

> ›Tuts mir den rauchen Wurm lieben,
> So werds brav Butter und Schmalz kriegen!‹

Als sie einmal mit den anderen Hausleuten beim Mittagstisch war, kam ein Bauer herein und erzählte, aus dem Wald habe ihm jemand zugerufen: ›Sags der Dirn, ihr Vater ist gestorben.‹ Als dies das Waldfräulein hörte, wischte es den Löffel, stand auf und entfernte sich wortlos. Seither wurde es nie mehr gesehen. (Adalbert Depiny, 1932)

Ramsebner ergänzt, dass mit dem »Rauchen Wurm« niemand etwas anfangen konnte, und seine Geschichte läuft ganz anders: »Im Stall aber kam jeden Abend nach dem Kühemelken eine große Natter aus dem löchrigen Gestein der Mauer gekrochen. Das Besondere daran war: Diese Natter hatte eine kleine, sehr kostbare Krone auf dem Kopf und wurde vom Waldfräulein Krönlnatter genannt. Dieser stellte sie auch jeden Abend eine kleine Schüssel kuhwarmer Milch hin, die von der Königin der Nattern dankbar angenommen wurde.« Eines Tages sah der Bauer, wie das Fräulein die Natter fütterte. Angeekelt vertrieb er die Natter und entließ das Mädchen. Noch bevor es den Hof verließ, »kroch abermals die Krönlnatter aus der Mauerritze, schüttelte die kleine Krone von ihrem Haupt und verschwand durch die Stalltür ins Freie. So war das arme Waldfräulein reich geworden und konnte ein neues Leben anfangen. Mit der Krönlnatter aber verschwand auch das große Glück vom Hof...« (nach: Gottfried Ramsebner, 1992)

Schlangen führen in der Volkskunde ein Eigenleben, wegen ihres Bisses meist negativ besetzt, nach älteren Mythensystemen auch geheimnisvoll positiv, als guter Geist des Hauses unter der Schwelle hausend, dankbar, wenn die Bewohner sie hegten und fütterten. Im bairisch – österreichischen Raum und bei den

Ringelnatter, »Krönlnatter« oder »Schlangenkönigin«

Sudetendeutschen ist sie die Hausschlange, die den Segen von Ahnenseelen repräsentiert, eine das Böse bannende und helfende Kraft. Der im Volksglauben fundierte Platz unter der Schwelle definiert die Hausschlange als Wächterin über die unverletzlichste Grenze des häuslichen Schutzbereiches, deren unbefugte Überschreitung ein schweres Delikt darstellte und noch darstellt. (nach: Richard Wolfram, Heim und Hausbau im Volksbrauch, 1999)

Vom »Schlangenkrönlein« wird erzählt, die »Schlangenkönigin« trägt es auf dem Haupt und legt es nur zum Bade ab. Verfolgt zischend den, der es geraubt, und schenkt es dem, der Gutes tut. Woraus sich der Volksglaube ableitet, wer ein Natternhemd fände, hielte ein Geschenk der Natternkönigin in Händen und dürfe Glück und Wohlstand erwarten. Wer aber ist die Schlangenkönigin?

Veronikas Mutter führte ein blitzsauberes, um neunzehnhundert von den Großeltern in Unterach erbautes Haus, der Großvater war Steinmaurer. Mit einer heimeligen Stube, gastlichen Fremdenzimmern und einer kleinen Landwirtschaft, deren frische Produkte die Sommergäste zu schätzen wussten. Hinter dem Haus, wahrscheinlich in den Fugen des Natursteinkellers, hatte die Hausschlange ihren Unterschlupf, an die zwei Meter lang, und man ließ sie gewähren. Es war ein Ringelnatternweibchen mit den charakteristischen halbmondförmigen, gelblich-weißen Flecken an den Schläfen. Und diese Flecken werden als das »Krönchen« der Schlangenkönigin bezeichnet. Die Ringelnatter also ist die sagenhafte Königin. »Raucher Wurm« rührt von ihrem gegenüber anderen Schlangen ungewöhnlich stark strukturierten Schuppenkleid her. Sie ist ungiftig und eine hervorragende Schwimmerin, was sie aber nicht hindert, in den Bergen auch noch in 2400 Metern angetroffen zu werden.

Wellenglitzern
Steinbach am Attersee

Errätst du Tag und Stunde, kannst du die Atterseewellen glitzern sehen. Sie tragen Spitzlichter, um sie mit leisem Plätschern an Land zu spülen, wie einst eine Nixe ihre Karfunkel, wenn sie armen Leuten half. (nach: Erich Weidinger, Sagen und Märchen vom Attersee, 1989) In ewigem Kreislauf immer wieder von vorne beginnend, ein Geschenk an ihre Gespielinnen, die Wellen, ehe sie sich enttäuscht von Neid und Missgunst unter den Menschen zurückzog. Vielleicht hinter die zarten Schleier des Nixenfalles im Weißenbachtal, nicht weit von den schmucken Häuschen der Holzknechtsiedlung aus den frühen 1960er Jahren.

»Nixen halten sich gern hinter Wasserfällen auf«, erklärt mir Johannes (7), »hinter den Wasserfällen gibt es Höhlen mit Tümpeln – dort wohnen sie und spielen mit Gold und Edelsteinen. Wenn Menschen das sehen, sagen sie: ›Die Kaskaden glitzern in allen Regenbogenfarben.‹ Man sagt auch, Nixen ziehen den Regenbogen in ihren Wasserfall hinein.« (Johannes Pangerl, mdl., 2014)

»Falladwasser« nannte die Mundart den eine Dreißig-Meter-Verschneidung in der Leonsberg-Nordostabdachung hinuntergischtenden Bach. Eine Schattenwand. An der Abbruchkante leuchtet smaragdgrün ein Rasenfleck auf, glitzern wie Kristalle die Tropfen. Die Spielwiese der Nixe? Wie sonst wäre der Nixenfall zu seinem Namen gekommen?

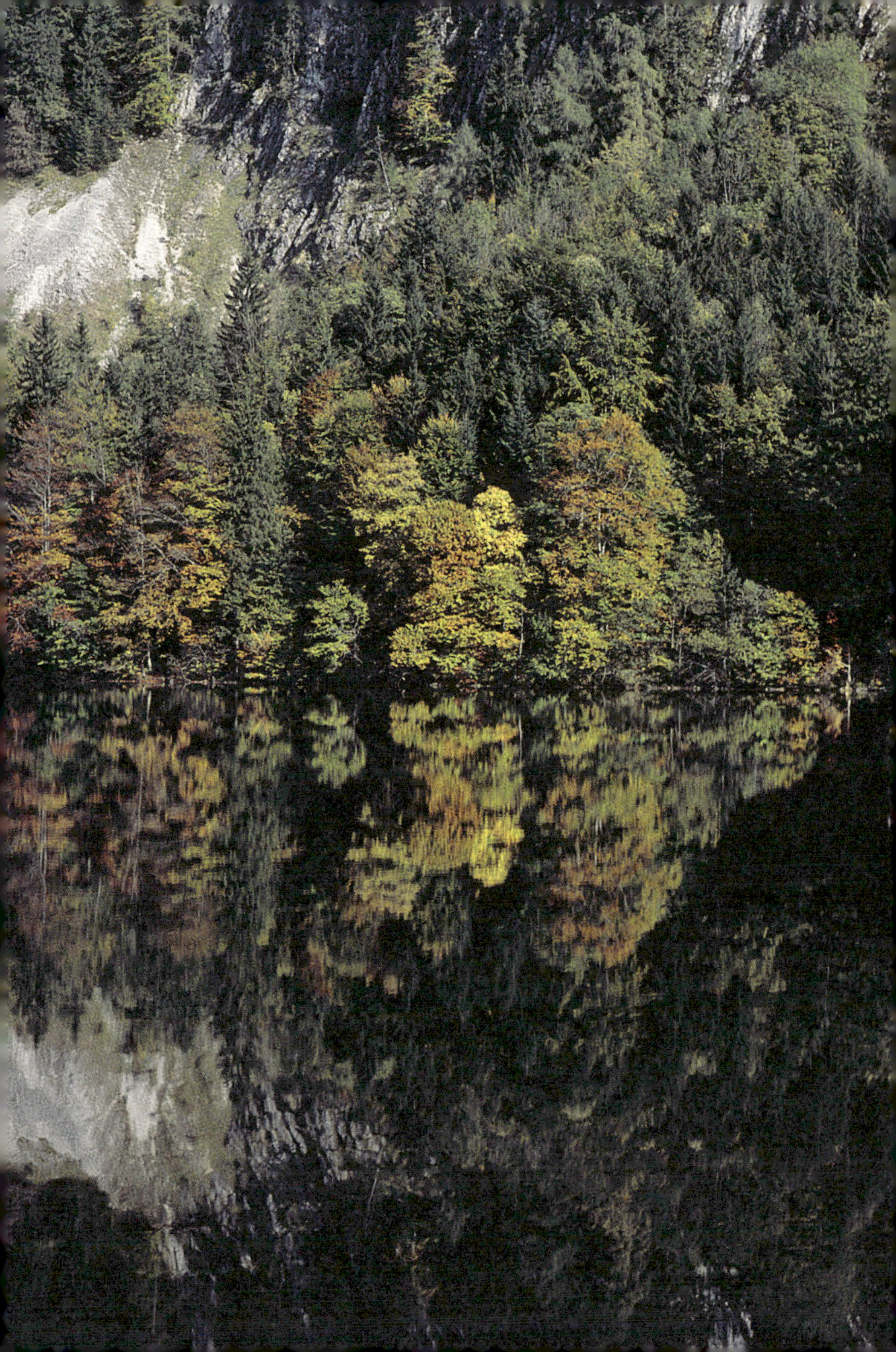

Die Nixe vom Laudachsee
Gmunden

»Hoch drobn auf da Schartn sitzt da Erla und schaut,
wo von See unta seina da Himmel herblaut.

Da siagt er a Nixal von See außasteign,
's is a Nixal, so liabli, so wundersam eign,

sitzt se nieda ins Gras und es rinnt in da Sunn
vo sein Köpfal des Haar wia a goldana Brunn...«

Damit beginnt die Sage von der Nixe im Laudachsee und dem Riesen Erla in der Version des Mundartdichters Franz Neudorfer; in »Unta an blüahadn Bam« brachte er sie 1984 zu Papier. Die kurze Romanze endet unglücklich, denn

»A Nixnlebn dauert net lang in da Höh:
Oan Summa lang netta, aft muaß's wieda in See.«

Dem Werben des Erla um seine Nixe schreibt die Sage an den Traunseeufern vielfach die Grundfelsen des im Kern gotischen Seeschlosses Ort bei Gmunden zu. Desgleichen eine eigenartige Flora auf dem Seegrund. Von ausgedehnten Vergissmeinnichtwiesen unter Wasser ist die Rede. Professor Friedrich Morton, Gründer der Botanischen Station in Hallstatt, schreibt von einer märchenhaften Erscheinung tausender blauer Sterne, die nur im Traunsee zu finden sei. (nach: Jolanthe Haßlwander, Sagen aus dem Salzkammergut, 2005)

Undine

Undinen zählen zu den Wassermädchen, die Teophrastus Paracelsus im 16. Jahrhundert als Elementarwesen beschreibt, die erst eine Seele erhalten, wenn sie sich mit einem Menschen vermählen, einem untreuen Gatten aber den Tod bringen.

In der romantischen Oper wird Albert Lortzings Undine, eben frisch vermählt, von ihrem Gatten mit einer seiner früheren Buhlschaften betrogen. Obwohl er zu Undine zurückkehrt, droht die Rache der Wassergeister, und Undines Vater fällt als deren Herrscher das Urteil: Der reuige Sünder muss oder darf für alle Zeiten in Undines Reich bleiben. Womit Lortzings Libretto von der Vorlage de la Motte Fouques abweicht und dem Publikum ein versöhnliches Ende anbietet. (nach: Karin Eidenberger, Direktorin der Landesmusikschule Vöcklabruck, mdl. 2014)

—

Quellen als Ursprung lebenspendenden Wassers gelten in allen großen Kulturen als heilige Orte, in deren glasklaren Tümpeln Quellnymphen hausen, bei Griechen, Römern, Kelten und Germanen Symbole von Fruchtbarkeit, Nachkommenschaft und Ehe. Scheu, berückend schön wie die Najaden der griechischen Mythologie, Töchter des Zeus, deren Schwestern, die Dryaden, als Baumnymphen in den Kronen mächtiger Eichen lebten. Vorbilder der mittelalterlich-europäischen Nixen. Nixkräuter, in Quellfluren gedeihende, seltene Wasserpflanzen, tragen in der Fachwelt ihren Namen: Najadaceae.

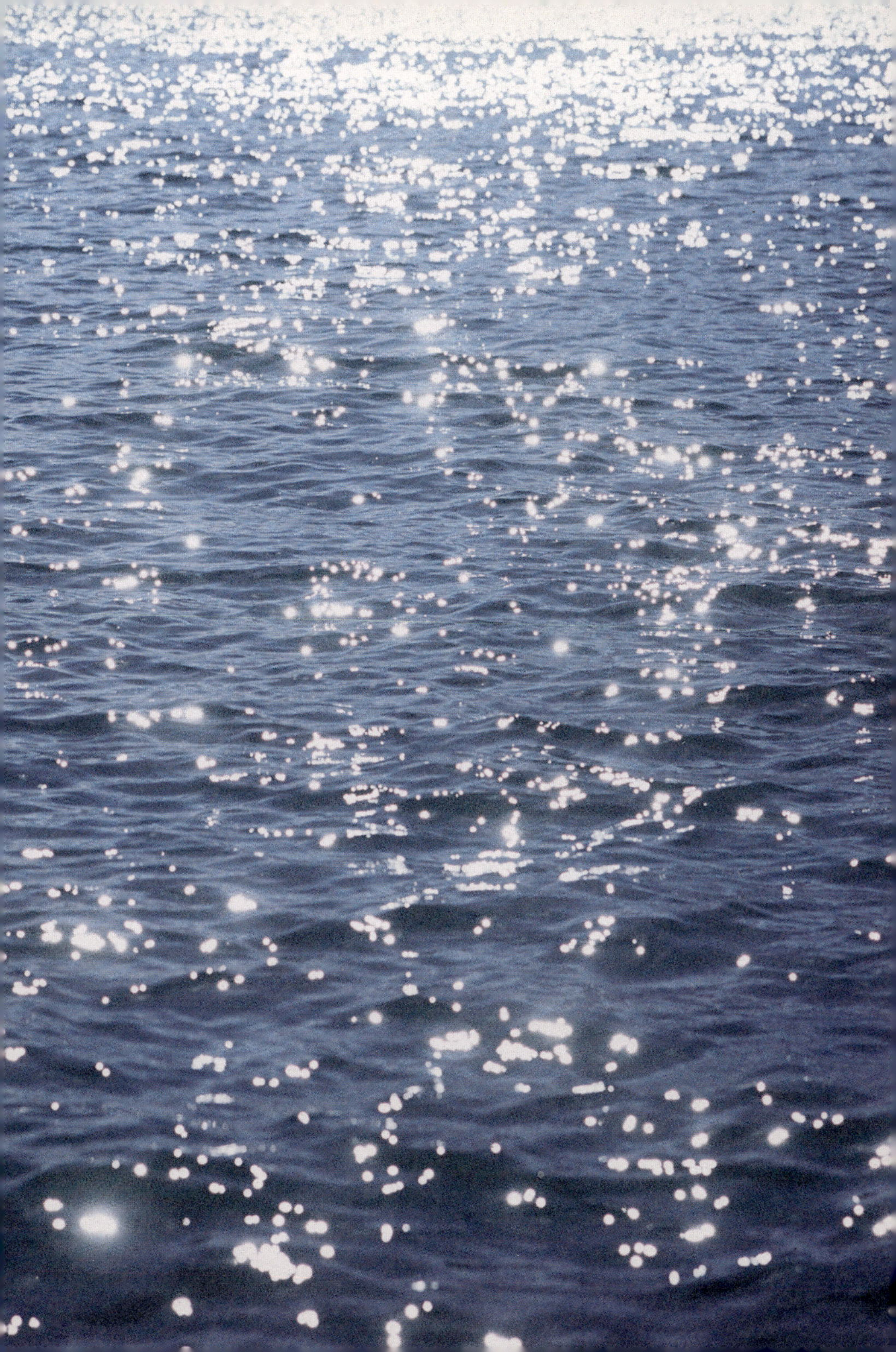

Welt der Seelen

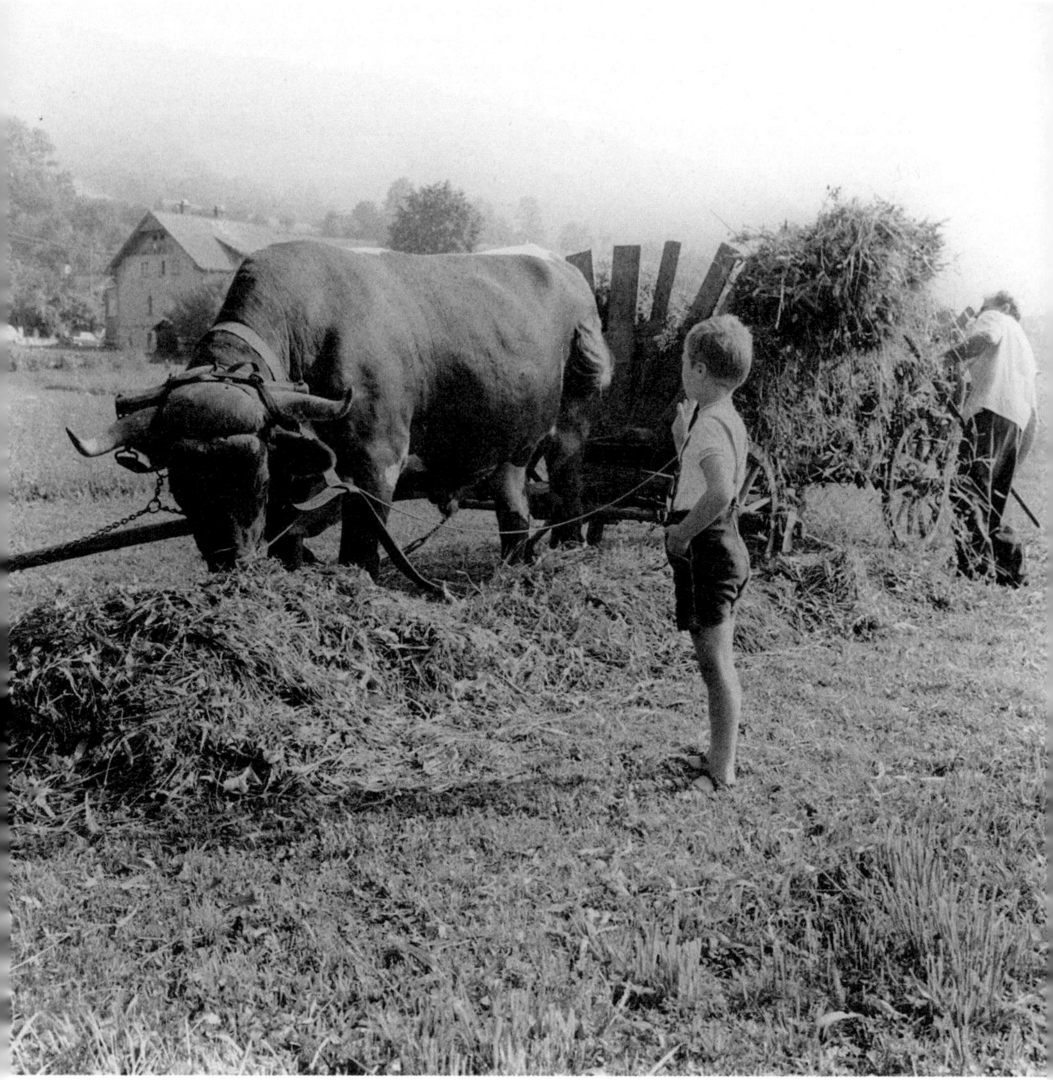

Von Irrlichtern, Buchel- und Fuchtelmandln

Mondsee, Unterach am Attersee

Irrlichter, in Sümpfen und Mooren über dem Erdboden schwebende Flämmchen, durch selbstentzündendes Sumpfgas entstanden oder durch elektrische Entladung, übernimmt der Volksglaube als Seelen, die gutmütig helfen oder Menschen in die Irre führen. In der Sage erscheinen sie einmal als reine Lichter, ein andermal als eine Fackel tragender Arm und zuletzt als kleine Männchen mit der Fackel in der Hand.

Um 1960 zog in Unterach am Attersee der letzte Ochse sein Fuder Heu, und in Steinbach ging das letzte Gespann vor dem Pflug im Joch. Die Zeit, in der noch in der Nacht geackert wurde, um der Insektenplage und damit dem Durchgehen der Tiere zu entgehen, war vorüber:

»…Mancher Bauer sang bei dieser Arbeit oder redete mit seinen Ochsen. Der alte Traxler war ein solcher Nachtrackerer und er redete seinen Ochsen immer gut zu. ›Geht's weida, geht's au'‹, sagte er. ›Wann ma nix weidabringan, sats es schuid.‹ Da konnte es sein, dass sich in finsterer Nacht Irrlichter auf die Hörnerspitzen der Ochsen setzten und zur Arbeit leuchteten.«(Anton Reisinger, Wundersames Mondseeland, 2006; nach: Hans Mairhofer-Irrsee)

In Unterach am Attersee sollen den Irrlichtern ähnliche Buchelmandl abends mit einer Laterne in der Hand in Wald und Feld herumgestreift sein und Fischern oder Flößern auf dem See geholfen haben. Fanden diese bei Nacht oder Nebel den Heimweg nicht mehr, brauchten sie nur »Buchelmandl, hilf uns!« zu rufen, und schon saß eines im Gransel des Fischertraunerls und zeigte den richtigen Kurs an. Wer es aber wagte, sich über das Männchen lustig zu machen oder es gar zu verspotten, dem konnte übel mitgespielt werden. (nach: Alfred Mück, Unterach am Attersee, 1937)

»In früheren Zeiten sah man am Mondsee in Sommernächten Lichter hin und her huschen. Es sind Buchelmandl, auch auf dem Schwarzensee wurden sie beobachtet. Sie sind arme Seelen, die noch nicht erlöst sind. Sie stören die Fischer nie in ihrem Beruf, man sieht von ihnen nur den ausgestreckten Arm mit einer brennenden Fackel aus Buchenholz, einer Buchel. Einem Fischer, der vom nächtlichen Hechtfang heimfuhr, kam ein Buchelmandl in die Nähe. Der Fischer wollte sich einen Spaß erlauben und bat das Mandl um ein Tabakfeuer von der Fackel. Da saß das Buchelmandl aber auch schon neben ihm in der Stoir, und das Fahrzeug fing zu sinken an. Mit dem Aufwand aller Kräfte gelang es ihm, die Schiffshütte zu erreichen.« (Adalbert Depiny, 1932)

Es wird schon einige Jahre her sein, dass unter den Mondseefischern gemunkelt wurde, eine Schatztruhe läge in der Tiefe des Sees, und wer stark genug sei, könnte sie heben. Manche lachten darüber, andere schüttelten ungläubig die Köpfe. Einer wollte sein Glück versuchen.

In einer stockdunklen Neumondnacht stieß er behutsam von der Schöffhütt'n ab, und das große Kirschholzruder bewegte den schweren Einbaum auf den spiegelglatten See hinaus. Ganz vorne schien sich etwas zu regen, und richtig, dort saß ein Buchelmandl und erbot sich, dem Fischer zu zeigen, wo die Truhe lag, wenn es auch seinen Anteil erhielte. Sie wurden unter der Bedingung handelseins, dass erst in der Hütte geteilt werden solle und keiner während der Hebung ein Wort spräche.

So setzten sie die Fahrt fort, bis das Mandl dem Fischer ins Ruder fiel und ihm bedeutete, nach unten zu sehen. Dieser gewahrte einen metallenen Schimmer, warf das Netz aus und wartete, bis es sich verfing. Dann holten sie es ein. Unter der Last neigte sich das schmale Schöff zur Seite, bis Wasser über die Bordwand schwappte. »Mach schneller!«, drängte der Fischer voller Angst zu kentern. Das hätte er nicht tun sollen! Schon hatten sie die Schatztruhe auf der Bordwand, da entglitt sie ihren nassen Händen und versank. Nur einen Schrei der Enttäuschung vernahm der Fischer noch, und auch das Buchelmandl war verschwunden. (nach: Franz Braumann, 1970)

Doch zurück nach Unterach an den Attersee. In der Thomasnacht, der kürzesten Nacht des Jahres, waren alle Fenster der Pfarrkirche erleuchtet, und die Orgel spielte. Die Buchelmandl feierten ihren mitternächtlichen Gottesdienst. Als jemand nachsah, erloschen die Lichter und mit ihnen auch ihre Gottesdienste. (nach: Alfred Mück, 1937)

Den Buchelmandln verwandt sind die Fuchtelmandl. »Fuchtel« bedeutete in der frühen Fachsprache des Fechtens die flach geführte Waffe. »Fuchteln« war der Schlag mit der flachen Klinge (16. Jahrhundert), eine im Gegensatz zum gezielten Angriff unbestimmte Bewegung, die im 18. Jahrhundert Allgemeingut wurde: Sie oder er fuchtelt herum. Fuchtelmandl zeigen sich als Irrlichter in sumpfigen Gegenden und auf feuchten Wiesen. Gerät jemand in der Dunkelheit in Schwierigkeiten, helfen sie und werden durch einen christlichen Dank erlöst:

»Ein Fuhrmann fuhr in finsterer Nacht heim und sagte: ›Heut ist kein Fuchtelmann da, sonst kommt immer einer!‹ Auf einmal sagte ein Fuchtelmann neben ihm: ›Aufsitzen musst mich lassen!‹ Der Knecht erlaubte es und der Fuchtelmann leuchtete auf dem Heimweg und auch noch beim Auskarren im Stall. Der Knecht bedankte sich recht und sagte: ›Vergelt's Gott!‹, da sagte das Fuchtelmandl: ›Jetzt bin ich erlöst; ich bin schon zwei Jahre umgegangen.‹« (Adalbert Depiny, 1932)

Buchel- und Fuchtelmandln und was sonst noch an seltsamen Wesen die Dorfgemeinschaft von Unterach teilte, soll sich in den Unteracher Perngraben zurückgezogen haben. Eine touristisch unzugängliche Felswildnis zwischen Ackerschneid und »Häusltoni-Gupf« mit der kartografischen Höhe 932. Manchmal nur, besonders in stürmischen Nächten, sei ein unheimliches Poltern und Leuchten wahrzunehmen, notierte Alfred Mück die Erzählung der Alten. War es nur der Steinschlag, der Funken aus den Wänden schlug?

1986 überraschte ein Unwetter Unteracher Bergrettungsmänner während einer Übung im Perngraben, erprobte Kletterer um Alois Lanz, Hadmar Lanz und Bruno Loidl. An der Schlüsselstelle saßen sie fest. Zu weit oben, um umkehren zu können, und zu weit unten, um Seilhilfe zu erhalten. Um drei Uhr früh endete die Übung. Erfolgreich, wenn auch anders als geplant. (nach: Hedwig Lanz und Dr. Hadmar Lanz, 2015)

Waren die kleinen Helfer ausgerückt, um ihren menschlichen Zunftgenossen beizustehen? Die eine oder andere kälte- und nässestarre Hand festzuhalten oder manchen auf abschüssigem Stand verkrampften Knöchel zu stützen - unsichtbar und auch nicht fühlbar, so, wie es seit ihrem Rückzug der Brauch war?

Die Bundesforste beschäftigten vor nicht allzu langer Zeit in Unterach über hundert Holzknechte, die zweimal im Jahr zu den Holzknechtwallfahrten in Attersee und auf dem Hilfberg in Mondsee fuhren. Heute üben nur noch wenige ihr Handwerk aus. Einer davon ist Karl Hemetsberger. Hat er einen großen Baum gefällt, hackt er immer noch drei Kreuze in den Stock. »Hackt«, obwohl längst die Motorsäge sein Arbeitsgerät ist. »Damit die Buchelmandln darauf rasten können, wie man früher sagte.« Buchelmandln? – Es wären gute, hilfsbereite Wesen. (nach: Karl Hemetsberger, mdl., 2014)

Wie mit dem Buchelmandl aus der Sage und seinem Licht am Gransel
des Fischertraunerls: Nebelfischen am Attersee; Vater und Sohn Scheichl,
Unterach am Attersee

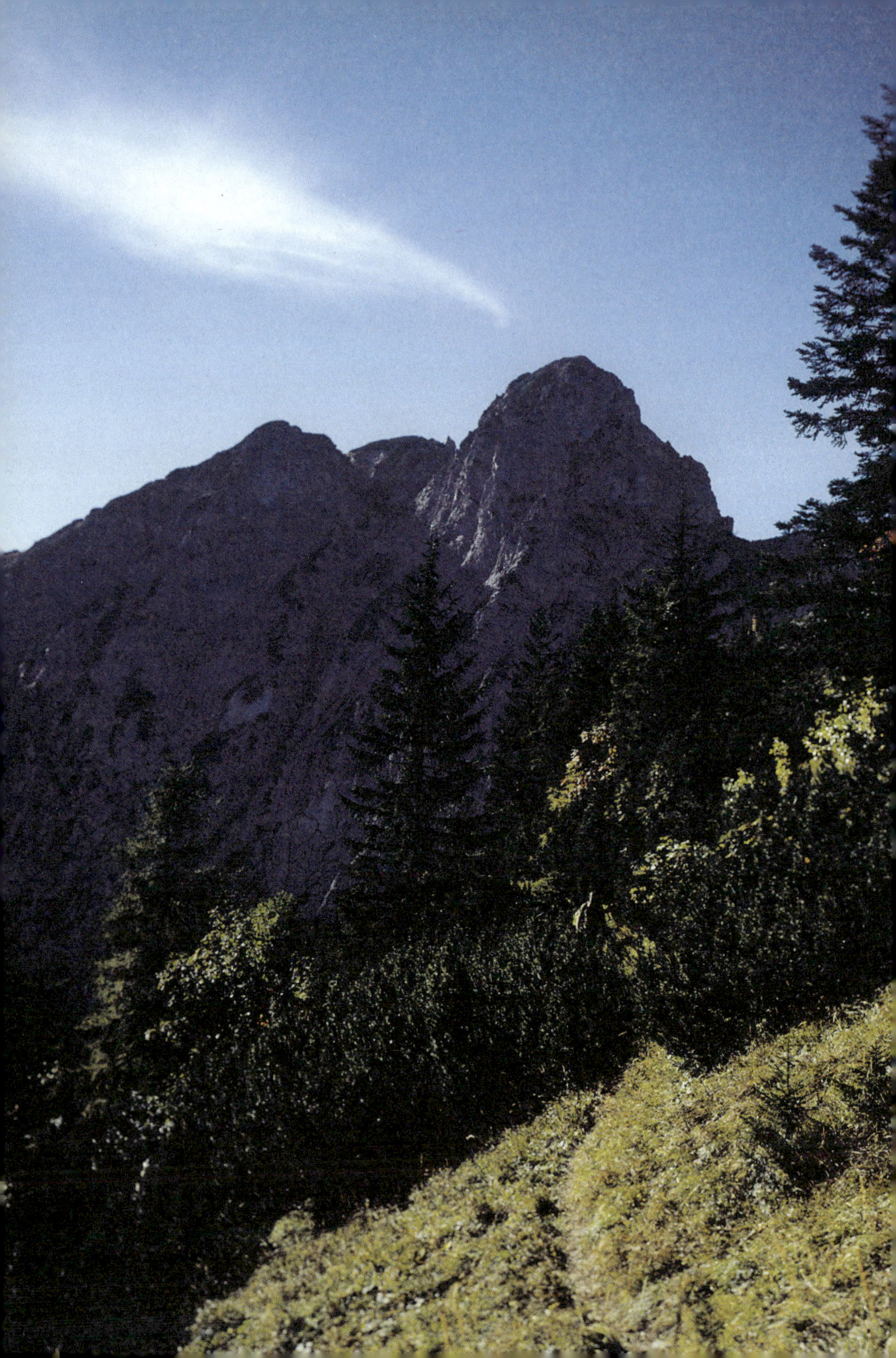

Das Wilde Gjaid

Bad Goisern, Attersee, Mondsee

»Vom Hausberg bei Kemating brauste in den Winternächten zuweilen die Wilde Jagd herab und zog über Felder und Wälder durch die Finsternis dahin. Da jauchzte und heulte es in den Lüften, als ob die Hölle los wäre. Die Hunde der gesamten Gemeinde witterten schon früher die Unholde und fingen an zu winseln. Hierauf huschten sie bei der Tür hinaus und mischten sich stets unter die jagdliebende Gesellschaft. Nun wurde das Getöse noch unheimlicher, es rauschte und tobte über Seewalchen hinweg gegen Rutzenmoos, wo es sich in den Wäldern verlor. Man konnte noch lange das Geheul der jagenden Meute hören.

Als einmal die Wilde Jagd von Kemating gegen Rutzenmoos dahinbrauste, war der Moser im Knäul – ein Häusler – spät abends noch im Freien. Heulend zog die ganze Meute an ihm vorbei. Plötzlich stand vor ihm ein prächtig gezäumter Rappe und ließ ihn nicht weiter. Moser ergriff die Zügel und schwang sich mit den Worten ›Es geht dahin in Gottes Namen!‹ in den Sattel. Noch im selben Augenblick aber lag er auf einem Maulwurfshügel und das Ross war verschwunden.

Wenn man die Äpfel erntet, muß ein Apfel für das Wilde Gjoad oben bleiben...« (Erich Weidinger, Sagen und Märchen vom Attersee, 2. erweiterte Auflage, 1990)

Auch Mag. Anton Reisinger aus Mondsee nahm sich dieses Themas an:

»In den Rauhnächten um Weihnachten stürmte früher die Wilde Jagd durch die Luft über die Wälder und Felder des Mondseelandes. Ganz voran kam eine Meute vieräugiger Hunde und dahinter sauste der Schwarm der wilden Reiter, von denen manche auf schwarzen Ziegenböcken ritten. Die Leute blieben angst-

Wilde Kammer

erfüllt in ihren Häusern. Wer draußen auf ihrem Weg angetroffen wurde, den packte die Wilde Jagd und nahm ihn mit. Nur über diejenigen, die sich flach auf die Erde warfen und einen Rosenkranz oder etwas Geweihtes bei sich trugen, stürmte der wilde Haufen hinweg.

In St. Lorenz kam die Wilde Jagd aus den Schluchten der Drachenwand. Dann brauste es über den Häusern und der Wind rüttelte an den Türen und Fenstern. Die Holzknechte schlugen nach dem Fällen eines Baumes mit der Hacke drei Kreuze in jeden frischen Baumstumpf. Wer sich dort niedersetzte, über den hatte die Wilde Jagd keine Gewalt und zog heulend vorüber. Die drei Kreuze mussten aber mit sechs Streichen gelingen, sonst waren sie gegen die Wilde Jagd wirkungslos und bedeuteten nichts Gutes.« (Anton Reisinger, 2006)

Als der alte Schöffbaumer im Unteracher Wald von seiner Kapelle erzählte, die an einem früheren, wettergefährdeten Übergang auf der Kammhöhe steht, kamen auch die drei Kreuze zur Sprache. Sie hätten die Aufgabe, dem Wilden Gjaid kurze Rast zu gönnen. Eine Auslegung, die wir erst bei Gottfried Ramsebner im Stoder wiederfanden: »Die Holzknechte, die neben der Straße Bäume fällen, hacken in jeden Baumstrunk drei Kreuze. Dort dürfen sich die armen Seelen bei ihren nächtlichen Jagden ausruhen.«

Eine Felspyramide überragt 1842 Meter hoch das Goiserer Weißenbachtal. Brauen sich Nebel um ihre Flanken zusammen, ist es Zeit umzukehren. Zu rasch verdichten sich die Gespinste zu dunklen Wolkenballen, die sich mit schmetterndem Krachen entladen. Am Stammtisch des Weißenbachwirtes wird von Pferden erzählt, die von Rußbacher Bauern auf dem dahinter liegenden Haberfeld gehalten wurden. Die Alten hätten immer gesagt, das Wilde Gjaid habe sie über die Abbruchkante der Wilden Kammer in die Tiefe gejagt. So sei der wetterlaunische Berg im Talschluss zu seinem Namen gekommen: Wilder Jäger.

Heulten und johlten in den »Zwölfnächten« von der Christnacht zum 25. Dezember bis zur Perchtnacht zum Dreikönigstag die Winterstürme, orgelte ein Föhnsturm und fuhr in die Rauchfänge, dass Asche und Glut aus den Aschenladen der Herde stoben, rückten die Leute im Herrgottswinkel zusammen und zündeten die Wetterkerze an. «Die Wilde Jagd kommt!«, flüsterten sie einander zu. Eine ungebärdige Schar aus dem altgermanischen Wilden Heer, allen voran Odin, der Windgott, die beiden Raben Hugin und Muhin auf den Schultern und die Wölfe Geri und Freki an der Seite, aus mittelalterlich-jagdlichen Riten und Seelen aus der christlichen Vorstellungswelt. In den Rau- oder Rauchnächten, der ersten, mittleren und letzten der zwölf, ging der Bauer mit Räucherpfanne und Weihrauch durch Haus und Stall, um alles Lebendige auf dem Hof vor diesem »Teufelszeug« zu schützen.

Stürme fegen auf bestimmten Bahnen über das Land, mit ihnen die wilden Reiter auf ihren schwarzen Rossen, die schwarzen Hunde mit gelben Brauen über den Augen und die Ziegenböcke, alles mitnehmend oder überrennend, was ihnen in die Quere kommt. Am südlichen und mittleren Attersee ist es ein Weststurm, der »Zweriwind«, zwerigst, quer über den See. Am Nordende ein namenloser Sturm vom Hausberg über Seewalchen gegen Rutzenmoos, und am Mondsee ein Südsturm von der Drachenwand her gegen den Markt, am Traunsee der berüchtigte Viechtauerwind.

's wilde Gjoad

Heut is de Thomasnacht,
kalt is's, dass's grad so kracht
und üba d'Ziagelhoad
kimmt 's wilde Gjoad!

Wisst's wohl, was des bedeut?
Leut, draht's enk glei auf d'Seit,
sunst packt gar 's Gjoad oans z'samm!
Hilf in Gottsnam!

Lost's, de wild Reiterschar
Saust durin Hof sogar,
d'Hund tan belln, d'Peitschn knalln,
Herr, hilf uns alln!

Franz Neudorfer, Um d'Weihnachtn.
Gedichte in oberösterreichischer Mundart. 1981

(*Mit freundlicher Erlaubnis*
von Frau Kons. OSR Irmgard Neudorfer, Pfaffing)

Auf der Ruine Wartenfels
Fuschlseeregion-Mondseeland

»Bei Mondsee befindet sich auf einer Wiese ein kleiner Hügel mit einem Eichenbestand. Hier endet ein Ausgang der Ruine Wartenfels. Nachts leuchten auf dem Hügel zu gewissen Zeiten kleine Flammen. Ein kleines Mandl, das ein Gewand von Gold und Silber trägt und ein blitzendes Schwert in der Faust hat, wird sichtbar. Früher hat sich bisweilen der Hügel geöffnet und schon manchem war es vergönnt, die unermesslichen Schätze in der Tiefe zu sehen.« Soweit Dr. Adalbert Depiny 1932 nach einer Quelle von 1857.

Mag. Anton Reisinger berichtet in »Wundersames Mondseeland« 2006 von zwei großen Bauernhäusern, die als Meierhöfe zur Burg gehörten, eines in Keuschern, eines in St. Lorenz. In einem läge ein großer Schatz verborgen. Eine Frau mit weißer Schürze bewache ihn und habe sich den Hausleuten gezeigt. Danach sei sie wieder in den Kellergewölben verschwunden. Zum Tumpenbauern im Gemeindegebiet von St. Lorenz soll ein unterirdischer Gang von der Wartenfels herübergeführt haben.

Und nach einer Quelle aus 1899: »Unterhalb der Ruine stehen einige Bauernhäuser. Bei einem lief einmal der älteste Bub in die Stube und erzählte der Mutter aufgeregt, was er gesehen hatte. ›Mutter, Mutter, auf Wartenfels hängen weiße Leintücher an der Mauer! Auch bitteres Weinen hab ich gehört!‹ Die Mutter nahm den Buben bei der Hand und ging mit ihm vor das Haus. Dann sagte sie: ›Mein Großvater hat diese Erscheinung auch schon gesehen. Es sind die Rittersfrauen, die keine Ruhe finden und so einmal in zehn Jahren auf ihren traurigen Zustand aufmerksam machen dürfen. Mit den Leintüchern und dem Klagen wollen sie die Leute daran erinnern, für ihre Erlösung

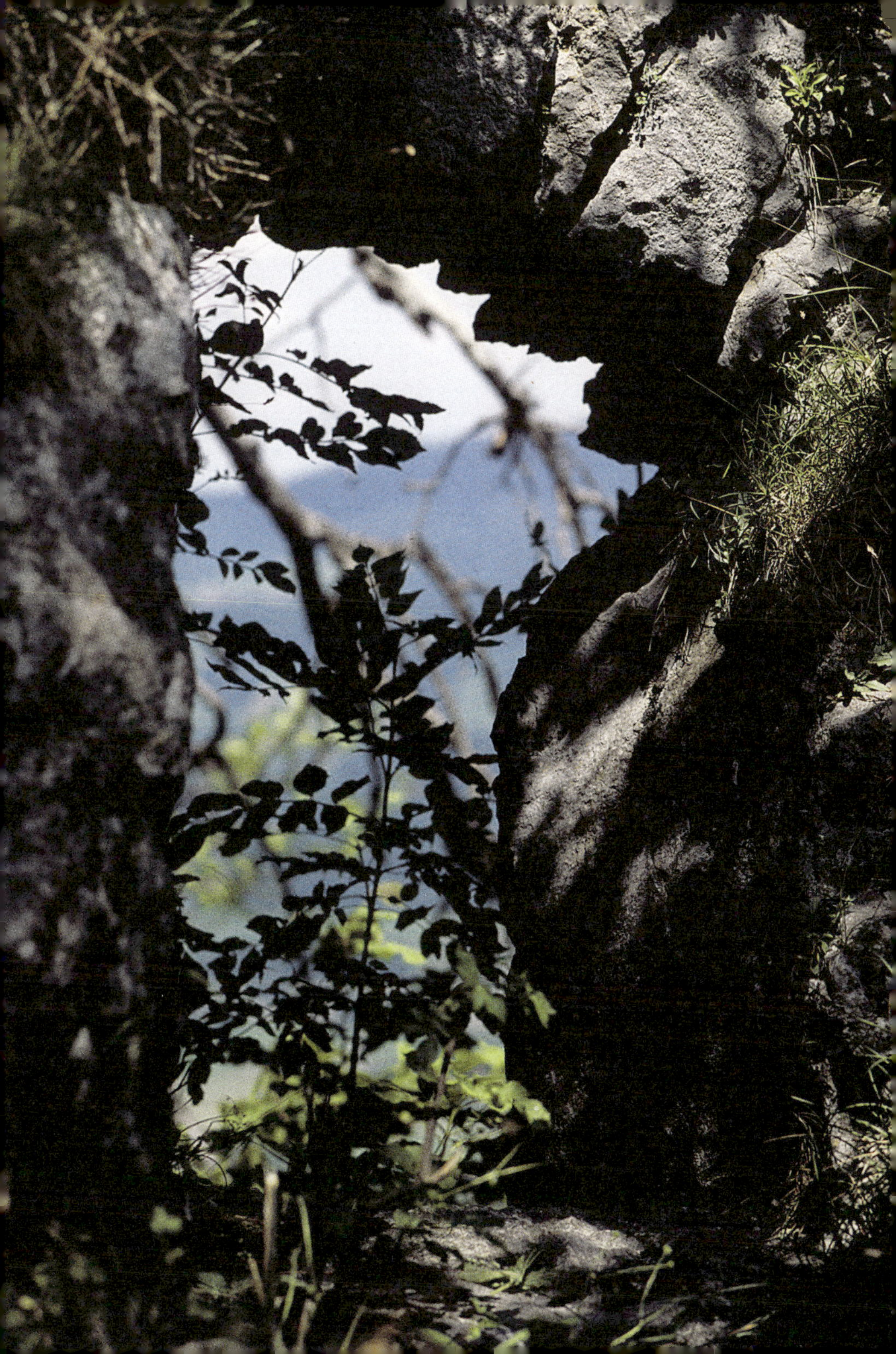

zu beten.‹ Als das Kind und die Mutter die Hände zum Gebet falteten, hörten sie von der Mondseer Kirche her die Glocke zum Abendgebetläuten. Im selben Augenblick war die Erscheinung verschwunden.«

Wartenfels: Der Name ist gut gewählt. Selbst als Ruine gleicht die Burg noch immer dem auf einem vorspringenden Fels Ausschau haltenden und lauernden Greifvogel, wie es das althochdeutsche Nomen »warta« ausdrückt. 1301 »daz purchstal ze Wartenuels«, 1669 »an einem grobpergigen und ungelegsamben wündterigen Orth«. (Friederike Zaisberger und Walter Schlegel, Burgen und Schlösser in Salzburg, Band 2, Flachgau und Tennengau, 1992)

Nur fünfzehn Quadratmeter misst die nutzbare Fläche der Felskanzel, die unter dem »Lugaus« mehr als doppelte Baumwipfelhöhe lotrecht abbricht. Sie verjüngt sich gegen die Lehne des Berges, sodass der Grundriss der Anlage als annähernd dreieckig bezeichnet wird. Darauf zauberte der Burgenbaumeister klassische Elemente wie die Ringmauer, den zur Hochburg ansteigenden Zwinger und die Hochburg selbst mit Palas und Bergfried am höchsten Punkt.

Im Abstieg vom Bergfried führt zur Linken eine Steintreppe auf eine tiefer liegende Terrasse mit einem niedrigen, mörtellos gemauerten Torbogen, der ins Leere führt. Ein original erhaltenes Kleinod, Schlüssel zu einem verborgenen Fluchtweg, dessen erste Meter nur entlang eines Seiles oder über eine Leiter zu überwinden waren.

Wartenfels geht auf eine urkundliche Erlaubnis Erzbischof Ulrichs von Salzburg an Konrad von Kalham aus dem Jahre 1259 zurück, hier eine Burg zu errichten, von der aus der Gehorsam »gegen uns und unsere Kirche« gesichert, unseren und seinen

Feinden Widerstand geleistet werden könne. Die Erwähnung dessen Sohnes als »Konrad von Wartenfels« weist 1267 schon auf den Bestand der Burg hin.

Die Vollzugsgewalt des Pflegschaftsgerichtes auf Wartenfels lässt sich nur an Hand von Flurnamen nachvollziehen. Zum einen des zum Herrenhubgut gehörigen »Blutfeldes«(Pz.-Nr. 175), zum anderen die »Scherntann'« auf dem Thalgauberg, in deren Namen der Scherge vermutet wird. Die mündliche Überlieferung weist auf Marterln entlang des Weges »nach Scherntann'« hin.

Quellen:
KR Karl Haas, Thalgauer Heimatbuch. Salzburg. Salzburger Druckerei. 1. Aufl. 1976
http://www.burgenseite.com/wartenfels txt.htm (13. 06. 2014)
http://de.wikipedia.org/wiki/RuineWartenfels (Thalgau) (13. 06. 2014)
http://fuschlsee.salzkammergut.at/oesterreich/poi/401036/ruine-wartenfels

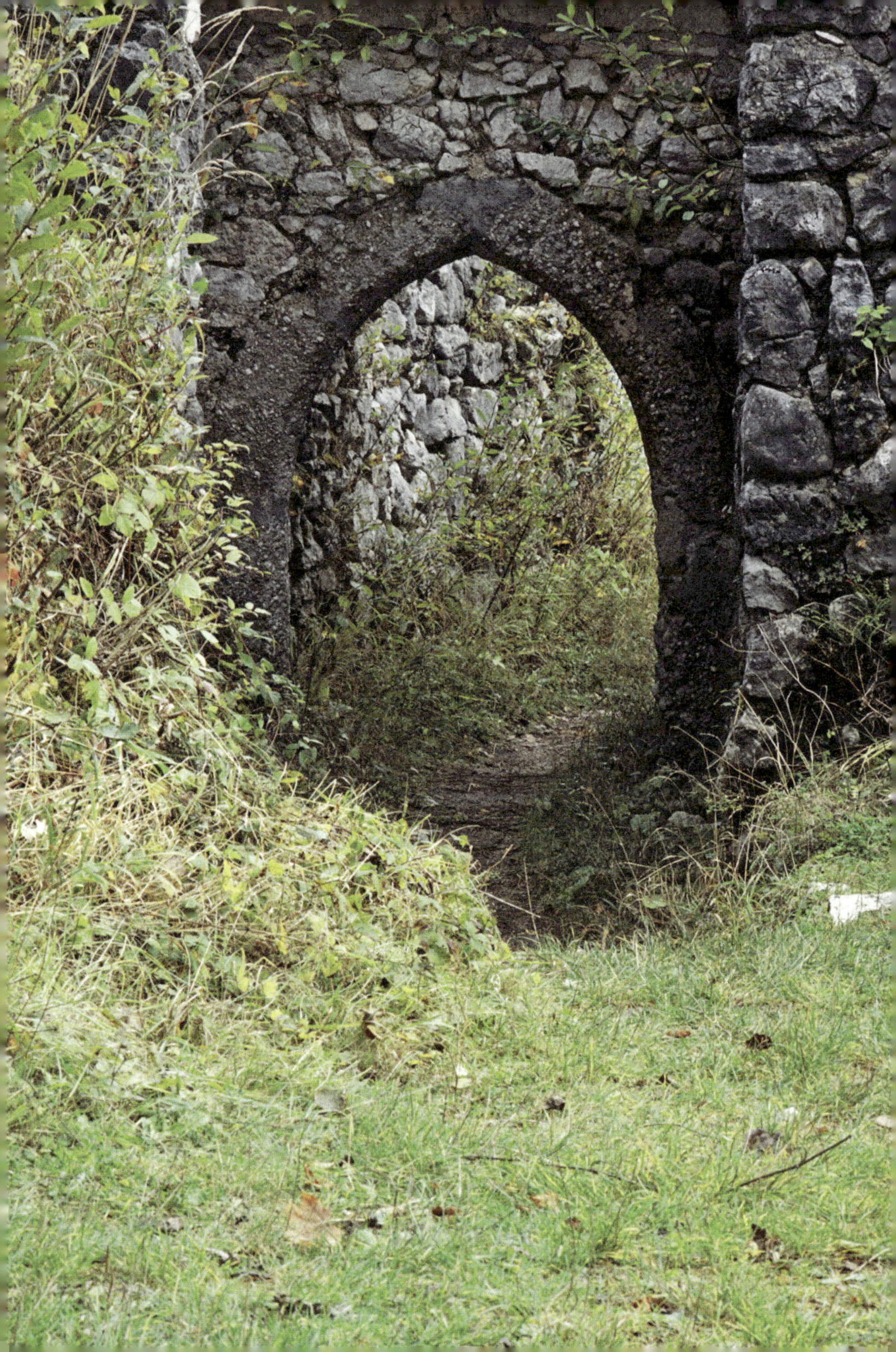

Die Ruine Wildenstein
Bad Ischl

In der Sage war Wildenstein im Süden von Bad Ischl eine Raubritterburg, bis eines Tages ein Fremder kam, der um Speise und Nachtlager bat. Der Burgherr machte ihn mit Wein trunken, raubte ihn aus und warf ihn ins Verließ. Der Fremde jedoch konnte sich befreien und verfluchte das Räubernest. Im selben Augenblick schlug ein Blitz in die Burg, zündete, und die Feste stand in Flammen. Der Raubritter und seine Gesellen kamen um, nur das Burgfräulein überlebte. Nun wandelt sie alle hundert Jahre durch das Gemäuer, bis sie ein Mutiger erlöst. Dem Retter winke reicher Lohn, heißt es, er müsse sich nur in einen Kreis aus Farnkraut stellen und mit einem geweihten Palmzweig dem neunköpfigen Drachen, als der das Burgfräulein zu mitternächtlicher Stunde erschiene, acht seiner Häupter abschlagen. Das versuchte zuletzt ein Holzknecht, doch als das Untier brüllend auf ihn losfuhr, schwanden ihm die Sinne.

Eine andere Sage berichtet von einer Frau, die nächst der Ruine das Vieh eines Wohlhabenden hütete. Plötzlich tat sich die Erde auf, und eine Kiste voll Gold stieg aus der Tiefe. Die Gute war pflichtbewusst und brachte zunächst die Kühe in Sicherheit. Als sie zurückkam, war der Schatz verschwunden. (nach: Adalbert Depiny, 1932)

Die Geschichte kennt Burg Wildenstein als Mittelpunkt des Verwaltungs- und Gerichtsbezirkes Ischlland mit Sitz des Pflegers und Landgerichtsinhabers. Der erste dieses Amtes ist 1263 beurkundet, die Burg selbst 1369 als »die Veste zu Wildenstein, gelegen bei dem Lauffen« genannt. Hauptaufgabe war die

Erhaltung von Recht und Ordnung in dem für das ganze Land lebenswichtigen Salzbezirk. Dies zu einer Zeit, als sowohl das Herzogtum Österreich als auch das gesamte Reich vorübergehend führerlos der Machtgier Einzelner gegenüberstanden. Die Befugnisse des Landgerichts sind nicht beurkundet, allerdings sind der Standort eines Galgens in der Nähe von Goisern und ein »Scheringbichl« unweit der Ruine bekannt. (Franz Federspiel, mdl. 2014) Eines steht festgeschrieben: Um einen Übeltäter »mit embsigen Fleiß nachsetzen« und ihn »zu Gefenknuß bringen« zu können, durfte der Pfleger »jederzeit ain aygen Roß« halten. (nach: G. J. Kanzler, Das Pfleggericht Wildenstein, in: Mitteilungen des Ischler Heimatvereins, Folge 23, Helft Wildenstein retten!, 1997)

1593 kam es zum ersten Brand auf Wildenstein, und nach einem neuerlichen Feuer um 1717 wurde die Burg aufgegeben. Der 1925 vorgefundene Baubestand erlaubte die Qualifizierung einer kleinen, überhöhten Hauptburg mit Turm und Zwinger innerhalb einer Umfassungsmauer. (nach: Franz Sekker, Burgen und Schlösser Oberösterreichs, 1925)

Zu der 1996 gesicherten frühgotischen Bausubstanz der Hochburg zählt das Tor in der östlichen, aus Kalkbruchstein gemauerten Ringmauer. Das gotische Türgewand aus feinkörnigem Konglomerat, wie der Torbogen auf Wartenfels ein Kleinod der Ruine, entstammt einer jüngeren Epoche. Die strikte Gegenüberstellung von Tor und Bergfried findet Parallelen im rheinpfälzischen Burgenbau des 12. und 13. Jahrhunderts. Eine äußere Wehrmauer schützt die ins 15. Jahrhundert datierte Niederburg. (nach: Wilhelm Götting, Burgruine Wildenstein, und Friedrich Barth, Beitrag zur Geschichte der Burg Wildenstein, in: Mitteilungen des Ischler Heimatvereines, Folge 23, Helft Wildenstein retten!, 1997)

Die drei Mühlenliachtln
Höllengebirge

In einem Engtal am Fuße der Kalkberge standen einst drei Hausmühlen. Eine Getreide-, eine Sag- und eine Leinsamenmühle, die aus den Körnern des Saatleins Öl presste. Seltsame Gestalten betrieben sie, finster wie die schattige Enge um sie herum. Sie hätten die Bauern ringsum betrogen, wird erzählt. Bis das Unwetter kam, Erde und Steine sich aus dem Hang lösten und dem anschwellenden Bach den Weg versperrten. Als die Verklausung brach, riss die Flutwelle die Mühlräder samt den Müllnern mit sich.

Wo sich das Tal weitet, stand eine vierte Mühle. Die Besitzer waren sonnig wie das Land und hilfsbereit. Drinnen, im Talschluss, wohnte eine arme Häuslerin mit ihren beiden Kindern, einem Buben und einem Mädchen. Die durften jede Woche einen Laib Brot holen, wie ihn die Müllersleute für die Armen buken. So stiefelten die beiden jeden Samstag durch den wilden Graben hin und wieder zurück. Bei den verfallenen Mühlen hielten sie einander fest an der Hand.

Als die Tage schon kurz geworden waren, musste der Bub einmal alleine gehen und geriet in die Dunkelheit. Nun galt es, an jeder der drei Mühlen einen schmalen Steg zu queren, und er hatte Angst, ins Leere zu treten. Doch da saß ein Licht in der Fensterhöhle der ersten, hüpfte herunter und geleitete den Buben sicher ans andere Ufer. Dasselbe geschah bei den beiden anderen Mühlen, und schließlich leuchteten ihm alle drei bis nach Hause, damit er nicht noch zu guter Letzt ausglitte. Die Mutter vermutete sofort die drei Müllner, die keine Ruhe fänden, und meinte, die Kinder könnten sie mit einem »Vergelt's Gott!« vielleicht erlösen.

Die Gelegenheit dazu bot sich bald, und das erste Lichtl gab sich als der Getreidemüllner zu erkennen. Auf die Frage nach der Erlösung antwortete er, dazu müsse jetzt das Mädchen oder der Junge das Flämmchen anfassen, wenn sie oder er noch nie gelogen hätte. Ein Wunsch würde ihn dann erlösen. Der Bruder hatte kein völlig reines Gewissen – beim Kugerlscheiben war manchmal geschwindelt worden, und so griff die Schwester in das Licht. Sie fühlte keinen Schmerz, und der Flamme entwuchs ein Mann mit einer schweren Mehltruhe auf dem Rücken. Damit hätte es die Mutter leichter, dachte das Mädchen, und schon war die Gestalt verschwunden.

Ähnliches ereignete sich bei der zweiten Mühle, nur war dieser Müllner mit einer Lage Bretter unterwegs. »Damit ließe sich unser Häuschen wohl hübsch herrichten«, seufzte die Schwester und zeigte zaghaft auf den Stoß. Als dritter stand der Leinölmüllner vor den Kindern und mühte sich mit einem Krug Öl ab. Damit hätte alle Not ein Ende, dachte das Mädchen, und auch die dritte Erscheinung löste sich in Luft auf.

Die Kinder fanden im Mondlicht heim. Die Schäden am Haus waren ausgebessert, und Mutter kam ihnen mit duftenden Bauernkrapfen entgegen. Drei Männer wären hier gewesen, sagte sie, einer hätte eine Mehltruhe zurückgelassen, der andere einen Krug Öl; der dritte habe flugs die Wände ausgebessert, ehe sie wieder gingen.

»Von da an brauchten die Kinder nicht mehr durch den unheimlichen Graben zu gehen«, schließt die Sage; »das Mehl in der Truhe wurde nicht weniger, und der Ölkrug wurde niemals leer. Die drei Mühlenliachtln aber hat seitdem kein Mensch mehr gesehen.« (nach: Pauline Bayer, Der Frankenburger, 1. Jg. 1941)

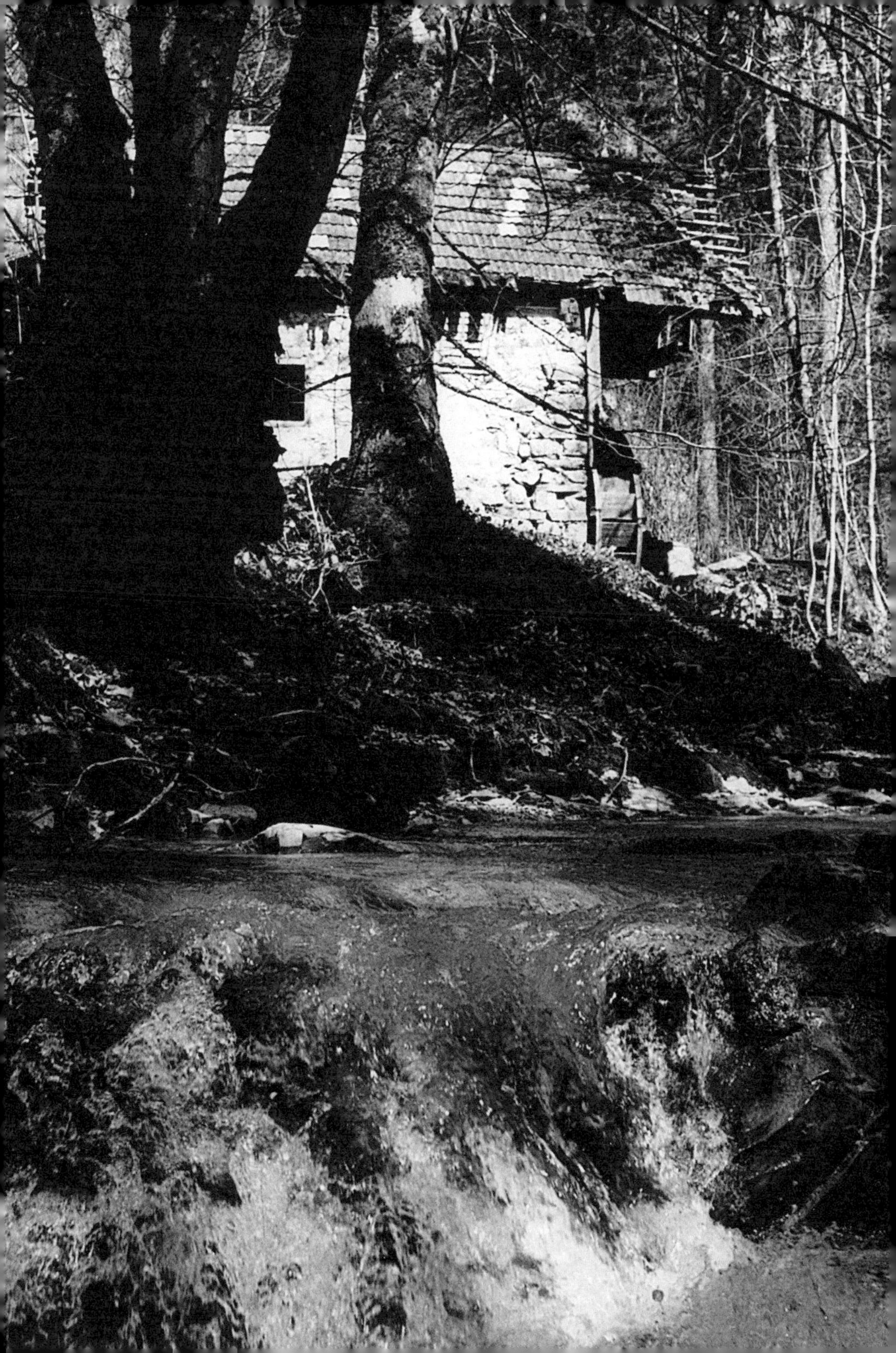

Mythische Tierwelt

Ausstiegsscharte im Höllengebirge
Schlupfwinkel für den kleinen Drachen

Der Bär und der kleine Drache
Höllengebirge

Da drüben, sagte Bär, und sein behaarter Arm beschrieb einen Halbkreis über dem Höllengebirge, habe einmal ein Drache gehaust. Ein kleiner, nicht größer als ein Hund, denn er war nicht weiter gewachsen. Die Alten wollten ihn nicht und verstießen ihn. So hockte er traurig auf der Weide, wo er mit den Kälbern des Bauern gespielt hatte. Die Kinder fanden ihn und bettelten so lange bei den Eltern, bis sie den Kleinen in die Scheune bringen durften.

So kam der kleine Drache auf den Hof, ließ die Kinder auf seinem Drachenrücken reiten und machte sich nützlich, indem er die Scheiter im Stubenofen anfachte, damit es schneller warm würde, und auch die Milch auf dem Herd kochte rascher, wenn er kräftig in die Glut fauchte. So ging das etliche Jahre, dann war der kleine Drache alt genug, um sich im Höllengebirge selbst eine Höhle auszusuchen, denn jeder Drache musste doch seine eigene Höhle haben.

Kindheitserinnerungen an die Hochsteinalm bei Traunkirchen, an die Kleine Nachtmusik der Hüttenmäuse in der hölzernen Wand neben dem rotkarierten Polster und an den ehemaligen Kaiserjäger mit seinem schneeweißen Bart. Er nahm mich zu einer riesigen Fichte mit, auf welcher er den Horst eines Habichtpärchens wusste. Bär und Fliege kamen mit ihren Rucksäcken herauf. Bergsteiger, so unterschiedlich, wie Menschen nur sein konnten. Der eine mit der Statur des Berggeistes aus dem Riesengebirge, der andere so hager, dass man denken konnte, der Wind würde ihn jeden Moment forttragen. In Freundeskreisen hießen sie Bär und Fliege, so stellten sie sich vor, und so waren sie auch für uns – Bär und Fliege. (nach: Bär, mdl.,1948)

Die Mondseer Drachenwand

St. Lorenz

Auch der Mondsee besitzt seine Drachensage und sogar einen Berg, der danach benannt ist: die Drachenwand. Hören wir Dr. Depiny zu, was er davon erzählt:
»In den Klüften der Drachenwand hauste einst ein schrecklicher Drache und verheerte die Gegend. Ein tapferer Ritter fasste den Beschluss, es mit dem Drachen aufzunehmen. Er baute sich einen Wartturm, um von diesem aus die Felsengegend beobachten zu können. Es gelang ihm auch, den Schlupfwinkel des Untieres zu entdecken und es nach hartem Kampf zu erlegen. An den Wartturm erinnert noch die Ruine Wartenfels am Schober, dem Nachbarberg der Drachenwand.« (Adalbert Depiny, 1932)

Als Drache gilt der geflügelte Wurm, und es gibt ihn noch. Die Wissenschaft nennt ihn Flugdrachen (Draco volans), obwohl er nur an die 30 Zentimeter lang wird und nicht aktiv fliegt. Er gleitet vielmehr mittels aufklappbarer, durch Rippen verstärkter Häute an den Flanken durch die Luft, dies dafür hundert bis 125 Meter weit. Eine in Hinterindien und auf den Inseln zwischen dem Subkontinent und Australien auf Bäumen lebende Echse mit dachziegelartig geschichtetem Schuppenkleid. Ihresgleichen mochte den in Ostasien vermuteten Schöpfer des vielfach vergrößerten Fabeltieres inspiriert haben. Dort gilt es als Sinnbild der Fruchtbarkeit und Unsterblichkeit sowie als Bringer lebensspendenden Regens.

Die Griechen nannten den Drachen drakon, die Römer draco, und die Germanen dürften ihn als Feldzeichen der gegnerischen Legionen entdeckt und in Bild und Namen entlehnt haben: traho.

Im christlichen Abendland nimmt allein die mittelalterliche Heraldik den geflügelten Drachen in ehrenvolle Dienste, und so ziert er das Siegel der Stadt Klagenfurt und wacht getreu über dem Stadttor – eine symbolische Darstellung der Wehrhaftigkeit aller vier einstens in die Haupthimmelsrichtungen weisenden Tortürme.

Der Lindwurm im Stoder
Hinterstoder

In einem Dom des weitverzweigten Höhlensystems im Inneren des Kleinen Priels schlummert ein Lindwurm. Einmal hat er sich schon bewegt – ob des unbußfertigen Wandels einer Sennerin – und dadurch den Bergsturz auf die Mandl-Alm ausgelöst. Wehe aber, man weckt ihn ganz! Dann »bricht der Lindwurm aus!«, zitiert Gottfried Ramsebner den Volksmund. Die Decke des unterirdischen Sees bricht ein, und mit der Flutwelle kommt der Wurm heraus. Die Ostflanke des Kleinpriels bräche ab, warnt die Sage allzu lebenslustige Stoderer, verklause die junge Steyr, und das Wasser überflute das Stodertal.

Die Ahnung eines vergleichbaren Ereignisses vermittelt der Stromboding (alt: die Strumboding), ein Felskessel, in den die Steyr hinabtost und sich beiderseits der Beinahe-Verklausung durch einen ungefügen Klotz aus der Priel oder Steyrsbergflanke ihren Weg bahnt.

Die Lindwurmsage im Stoder rankt sich um die Kreide(n)lucke(n), eine 570 Meter tiefe Höhle, deren Gesamtsystem mit 1160 Metern vermessen wurde. Im Sprachgebrauch von 1911 nur »eine Schussweite« von dem Stromboding steyraufwärts. Erste Erkenntnisse sprechen wie die Sage von einem unterirdischen See, jüngere von mehreren kleinen, periodisch überfluteten.

Der mit der Sturzflut des Karstsees ausbrechende Lindwurm stimmt mit der nordgermanischen Überlieferung überein. Diese sieht ihn sich flügellos unter dem Wasser angeschwollener Bäche in deren Windungen talwärts wälzen. Letztlich bricht er aus und verwüstet die Täler. »lint« war der althochdeutsche Name im

Sinne von Wurm, Schlange, biegsam, zäh und langsam. Wer unmittelbar oder mittelbar Zeuge eines Murenabganges wurde, wird diese Deutung nachvollziehen.

Magische Gestalten

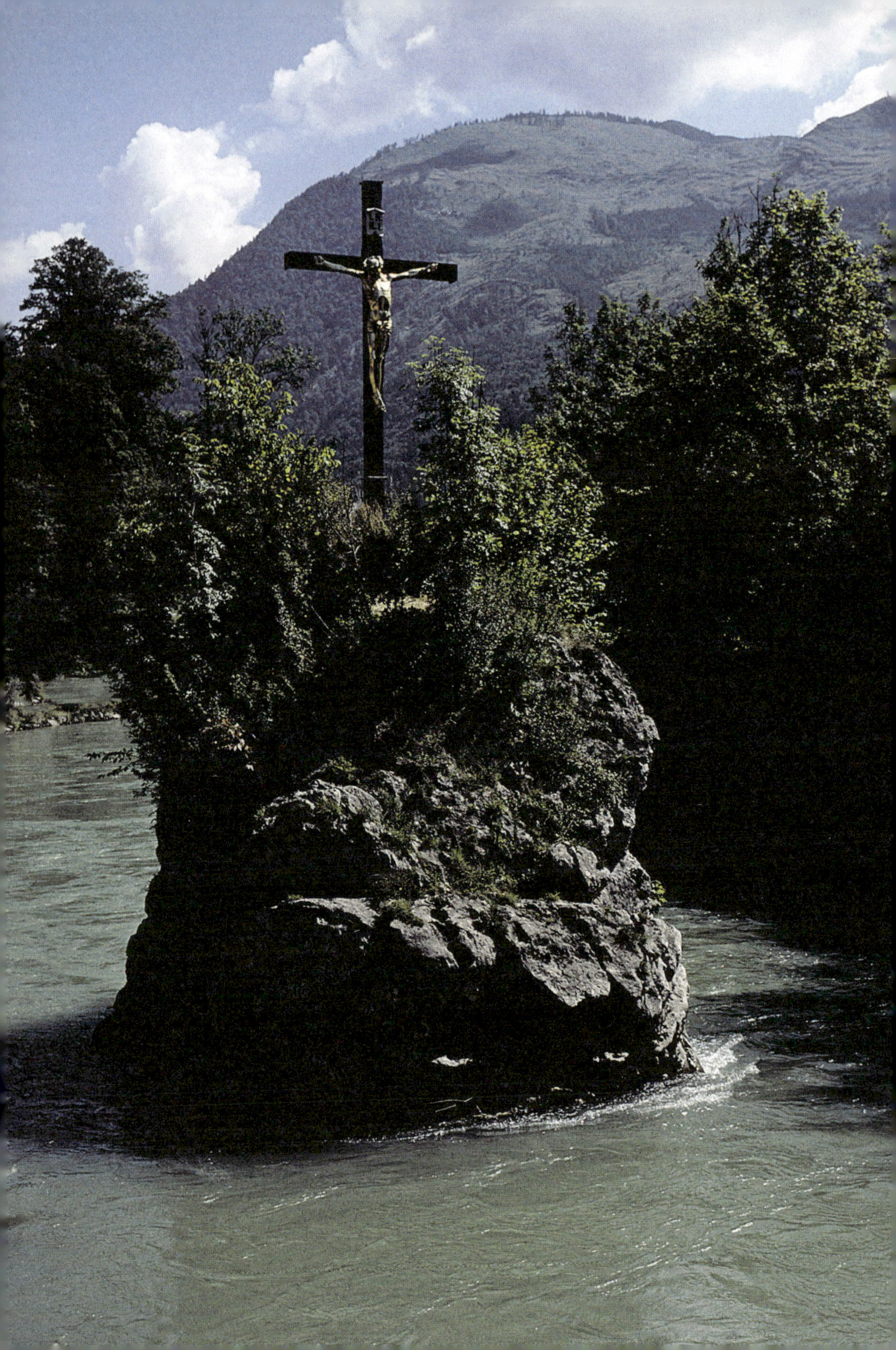

Der Kreuzstein von Bad Ischl

Um den Kreuzstein von Bad Ischl rankt sich natürlich die Sage, mit der die Ersterwähnung des Kohlsteins als vermutlich vom Jainzen abgefallenem Stein übereinstimmt. Ein Werk des Teufels, der durch die Sperre der Wasserstraße die Ischler zum Fluchen verführen wollte. Die Schläge der geweihten Glocke im Turm der Ischler Pfarrkirche hätte den Teufel gar gräulich in den Ohren gerissen, sodass er heulend und pfauchend enteilte und sich nie mehr blicken ließ. (nach: Albert Binna, Verklungen – Sagen um Bad Ischl und das Salzkammergut, 1947)

Eine Anrainerin erzählte 1988 die Version, die sie als Kind gehört hatte: Der Fleiß der Ischler Salzbürger hätte dem Teufel missfallen, sodass er erwog, die Ischler durch Absperrung des Traunflusses auszutränken. Als ehemaliger Engel musste er indessen den lieben Gott fragen, ob er den Versuch wagen dürfe. Dieser erteilte die Erlaubnis nur unter der Bedingung, das Werk müsse beim ersten Hahnenschrei vollendet sein. In seiner Gier packte der Teufel gleich den allergrößten Stein an, den er fand, plagte sich fürchterlich damit ab, und als er ihn endlich in der Mitte der Traun hatte, krähte der erste Hahn.

Zwei von der Wissenschaft als »Kugeln« bezeichnete Felsbrocken stellten bis ins vergangene Jahrhundert eine Gefahr für die Traunschifffahrt dar, besonders jener an der Mitterweißenbach-Mündung, an dem am 1. Dezember 1719 die mit Weinfässern beladene Zille des Salzfertigers Franz Josef Lidl scheiterte. Seine Mutter ließ auf dem Felsen ein Kreuz setzen, wonach er mit

Bezug auf die Ischler Kugel bis zu seiner Sprengung 1912 »Unterer Kreuzstein« hieß.

Der Obere Kreuzstein blieb erhalten und bedeutet heute ein Wahrzeichen der Salzstadt Bad Ischl. Seine Biografie erwähnt die erste schriftliche Nennung 1820 als »Kohlstein«; 1842 schreibt Dr. Wirrer von Rettenbach, in Zusammenarbeit mit Wiener Ärzten Initiator der Ernennung Ischls zum Heilbade, der Kohlstein werde nun häufiger Kreuzelstein genannt, seit er, Wirrer, darauf ein massives Kruzifix habe errichten lassen. Eine Goldfassung wird erst 1860 erstmals genannt.

Der Bad Ischler Geologe Oberrat Dr. Harald Lobitzer und sein Kollege Dr. Felix Schlaginweit aus München diagnostizierten nun anhand von Gesteins-Dünnschliffen für die obere Trias typischen, ungebankten Dachstein-Riffkalk, ganz im Gegensatz zu dem vermuteten jüngeren Plassenkalk des Jainzen. Damit lag auf der Hand, dass der massige Kreuzsteins vermutlich im Würm-Hochglazial oder aber während eines der letzten Vorstöße des Traungletschers auf dessen Oberfläche verfrachtet wurde und nach Abschmelzen des Eises hier zur Ruhe kam. (nach: Harald Lobitzer & Felix Schlaginweit, Die Ischler Kreuzsteinsage und die Geologie, in: Mitteilungen des Ischler Heimatvereines, Folge 27, 2008)

Das Teufelsloch
von Steinbach am Attersee

Oberhalb von Steinbach am Attersee entwickelt das Höllengebirge über zwei markanten Türmen eine steile Rippe. Begleitet von der Teufelslochriese zieht sie gegen die Gaisalm hinauf und endet etwa 80 Meter vor dem Almboden in einer Spitze. Perforiert durch ein 6 bis 7 Meter hohes und 4 bis 5 Meter breites Felsentor.

Von den Haselbauernwiesen der Ortschaft Haslach gut sichtbar, bemächtigte sich die Sage seiner: Im Pfarrhof zu Steinbach hätte eine raffgierige Köchin gewirtschaftet und selbst verzehrt was sie dem Pfarrer vorenthielt. So habe ihre Leibesfülle in dem Maße zugenommen, wie jene des geistlichen Herrn abnahm. Als das Maß voll war, holte sie der Teufel hinüber auf die andere Seite des Berges, in die Höll, eine Schlucht, welcher der Höllbach entspringt und die dem Höllengebirge den Namen gab. Bald schwanden ihm die Kräfte, und als er sah, dass er die Gaisalm nicht mehr würde überfliegen können, fuhr er samt der Köchin mit Krach und Gestank durch die steinerne Rippe. Zurück blieb das Felsentor, das bis heute den Namen Teufelsloch trägt. (nach: Johann Klausecker, mdl., 1960)

»Herr Lehrer«, donnerte wenige Tage nach Dienstantritt an der Volksschule Steinbach am Attersee Pfarrer Ludwig Mayr, »wie können Sie den Kindern so einen Unsinn erzählen?« Ein wahrhaft zorniger Heiliger, aber ein Priester von echtem Schrot und Korn. Zugegeben, die Version von Schneidermeister Klausecker, bei dem ich ein Zimmerchen bewohnte, ist etwas kräftig, aber um vieles zarter gerät die Lesart mit einem notorisch zänkischen

Weibsbild auch nicht. (nach: Weidinger, 1989) Zur Zeit des Schnapsbrennens wurde mir dann allerhöchste Dispens erteilt, wenn ich so manche Religionsstunde supplierte, damit das kostbare Destillat nicht anbrenne. Die Frucht meines Tuns wurde mir allerdings nicht zuteil.

Geologen sehen im Teufelsloch das Resultat des Windes, des durch CO_2 kalklösend angereicherten Regens, des durch die stehenden Gesteinsschichten begünstigten Spaltfrostes, der Hitze und der Kälte. Möglicherweise sogar den Überrest einer Höhle.

(nach: Franz Dollinger, Land Salzburg, und Felix Weingraber, Land Oberösterreich; Franz Hauzenberger, Autor des Wander- und Kletterführers Höllengebirge und Inhaber zahlreicher Erstbegehungen; alle mdl., 2014)

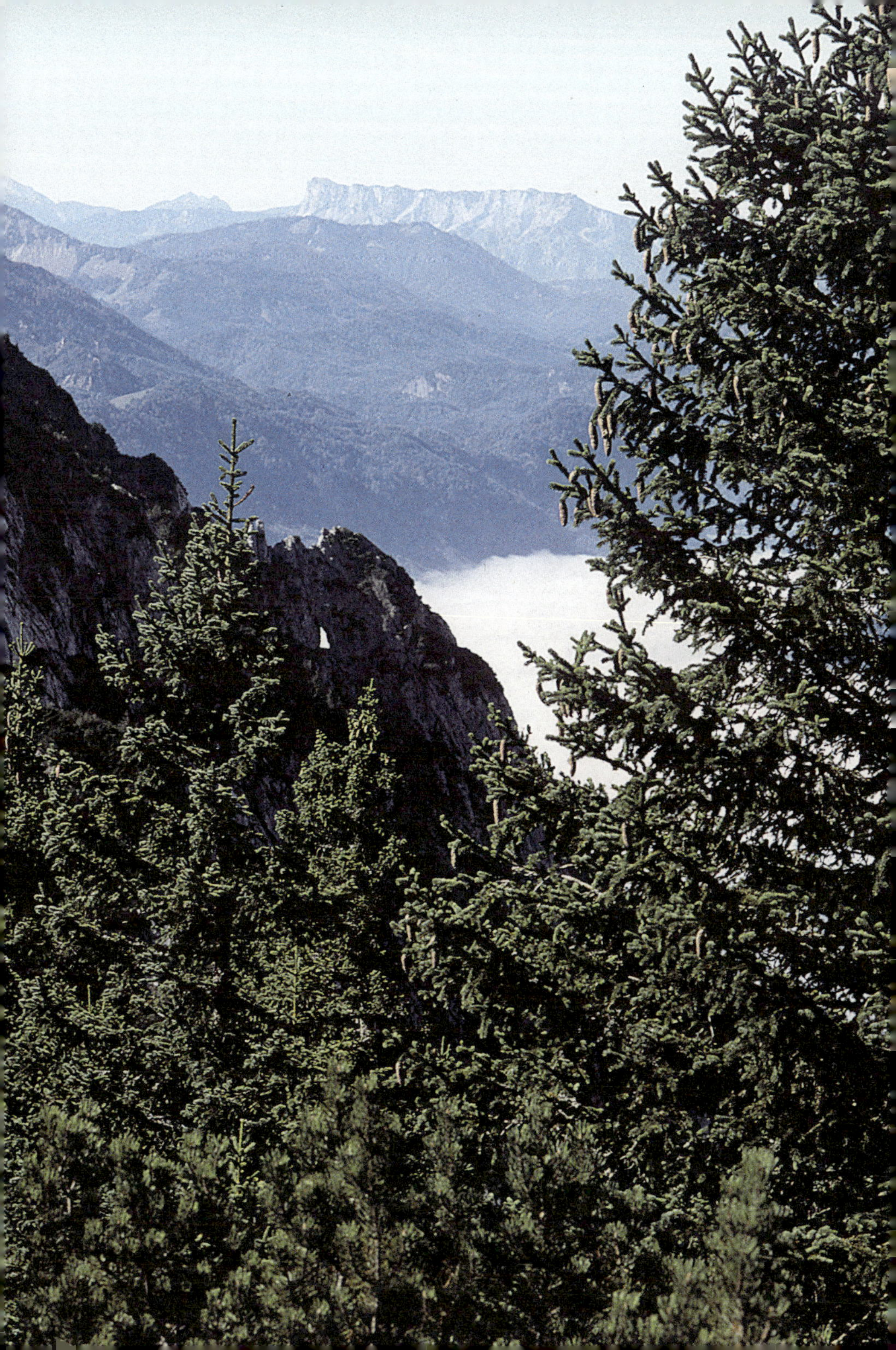

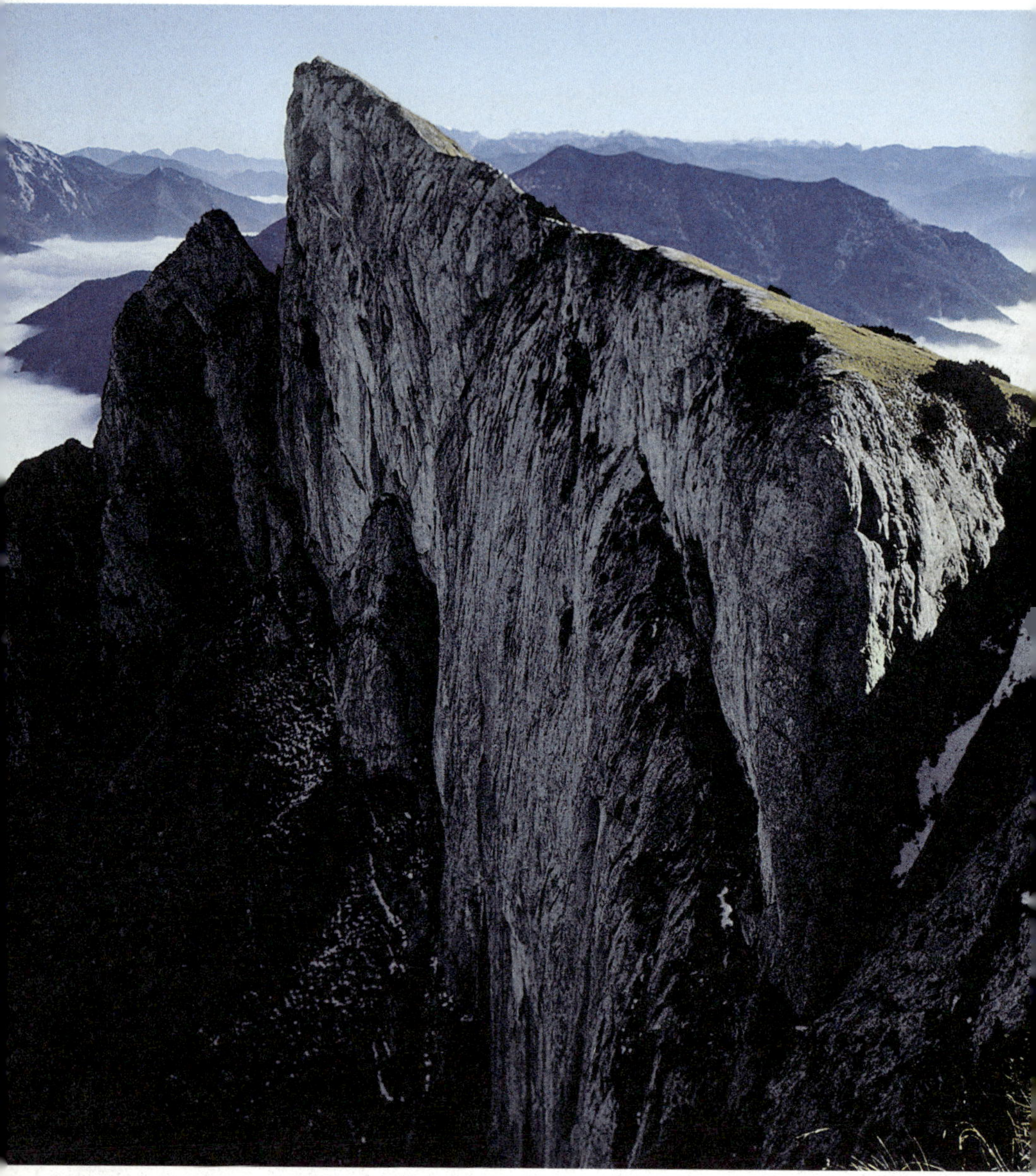

Der Teufelsabbiss
Unterach am Attersee, St. Gilgen

Eines Tages, es war wohl im Morgengrauen, biss der in der Sage überstrapazierte Teufel vom Untersberg in Salzburg ein Stück ab und flog damit gen Osten. Welche Teufelei er sich damit ausgedacht hatte, verhehlt die Sage. Nichts Gutes jedenfalls, doch vor dem ersten Sonnenstrahl krähte ein Hahn. Damit verlor der Teufel jegliche Macht, das Stück Untersberg entglitt ihm und krachte zur Erde, wo es sich tief eingrub. Hier steckte es nun, und mit den Menschen kamen die Schafe, die auf der gutmütigen Sonnenseite grasten. Von ihnen erhielt der neue Berg seinen Namen: Schafberg. Das Gegenstück zum Untersberg, die senkrechten Nordabstürze, nannte man Teufelsabbiss. (nach: Anton Reisinger, 2006)

Genau genommen hat den Schafberg nicht der Teufel abgebissen, sondern die afrikanische Platte hundert Kilometer weit nach Norden gedrückt. Die Geschichte seines Gesteins begann schon sehr viel früher, 200 Millionen Jahre vor uns in einer lauen Lagune, in der sich alles ablagerte, was Wind, Regen und Flüsse hierher verfrachteten. Am Meeresboden hauste besonders vielgestaltiges Getier, Ammoniten, Belemniten oder Brachipoden, den weichen Körper in einer harten Schale geborgen, nach ihrem Absterben von neuen Sedimenten zugedeckt und letztlich versteinert. Klingende Namen für jeden Mineraliensammler, in ihrer Vielfalt zuerst am Hierlatz bei Hallstatt entdeckt, sodass wir auch am Schafberg von Hierlatzkalk sprechen. Kamen die in Paketen übereinander verfestigten Schichten stehend zur Ruhe, bilden die glatten Ober- und Unterseiten Wände wie den Teufelsabbiss.

TEUFELSABFLUG
Unterach am Attersee, St. Gilgen

Drei junge Holzknechte, die Samstag nachts zum Fensterln auf der Eisenau geweilt hatten und dabei jede Möglichkeit verspielten, zur Sonntagsmesse zurechtzukommen, sollen im Abstieg bei einer Felskanzel abgeflogen und tief unten im Bergwald unverletzt wieder zu sich gekommen sein.(nach: Alfred Mück, 1937)

»Gemma übern A'flug aba!«, riefen einander die Holzknechte fröhlich zu, wenn sie nach Feierabend den Heimweg von der Eisenau-Alm in die Mühlleiten nach Unterach nahmen, vorbei an dieser Kanzel, die der Sage zufolge den Namen »Teufelsabflug« trägt. (Karl Hemetsberger, mdl., 2014) Erfahren und sicher, denn tatsächlich öffnen sich unterhalb des Abflugs steile, von Felsstufen durchsetzte Rinnen, deren Passage namentlich zum Jahreszeitenwechsel und hier besonders im Frühjahr objektiv gefährlich ist. Wer oberhalb des Abflugs auf unter aufgefirntem Schnee verborgenem Eis rutscht, fängt sich nicht mehr...

Holzknechte
»Fallkerb hauen«
Fritz Urstöger
»Schlögnerbad Fritz«
Gosau

Der verhexte Melkschemel
Zell am Moos

Hexen zählen neben dem Teufel zu den magischen Geistern der Sage. Mag. Reisinger gibt dazu eine von Oberlehrer Karl Brandstätter aus Zell am Moos festgehaltene Begebenheit um eine Bäuerin vom Zeller- oder Irrsee wieder, die der Hexerei beschuldigt wurde. Sie soll der Stalldirn verboten haben, ihren Melkschemel zu benützen. Dieses musste natürlich die Dirn sofort ausprobieren und hätte sich, kaum auf dem Dreibein, wie durch Zauberhand in einem Stall am anderen Ufer des Sees wiedergefunden. Dort war sie tatsächlich entdeckt worden; Bauersleute und Gesinde forderten Rechenschaft, und der Bauer erstattete unter Zeugen Anzeige beim Pflegschaftsgericht: Anderen die Kühe leerzumelken wäre Hexenbrauch, und die Bäuerin mit ihrem fliegenden Melkschemel stünde mit dem Teufel im Bunde.

Das Verbot der Bäuerin, ihren Melkschemel zu benutzen, sei nichts Außergewöhnliches, jede Stalldirn, Melkerin oder gar Bäuerin hätte sich das verboten. Es mochten also andere Gründe im Spiel gewesen sein. (Maria Riesner, Mondsee, mdl., 2014)

Wollen wir es dabei belassen, den Hexenglauben als Verteufelung all dessen anzusehen, was sich einem bestimmten Tun oder Streben entgegenstellt, wobei man Gut und Leben schneller los war, als man dachte.

Der Pfleger indessen, ein weiser Mann, erklärte sich für nicht zuständig, und mangels Geschädigter verlief die Sache schließlich im Sande.

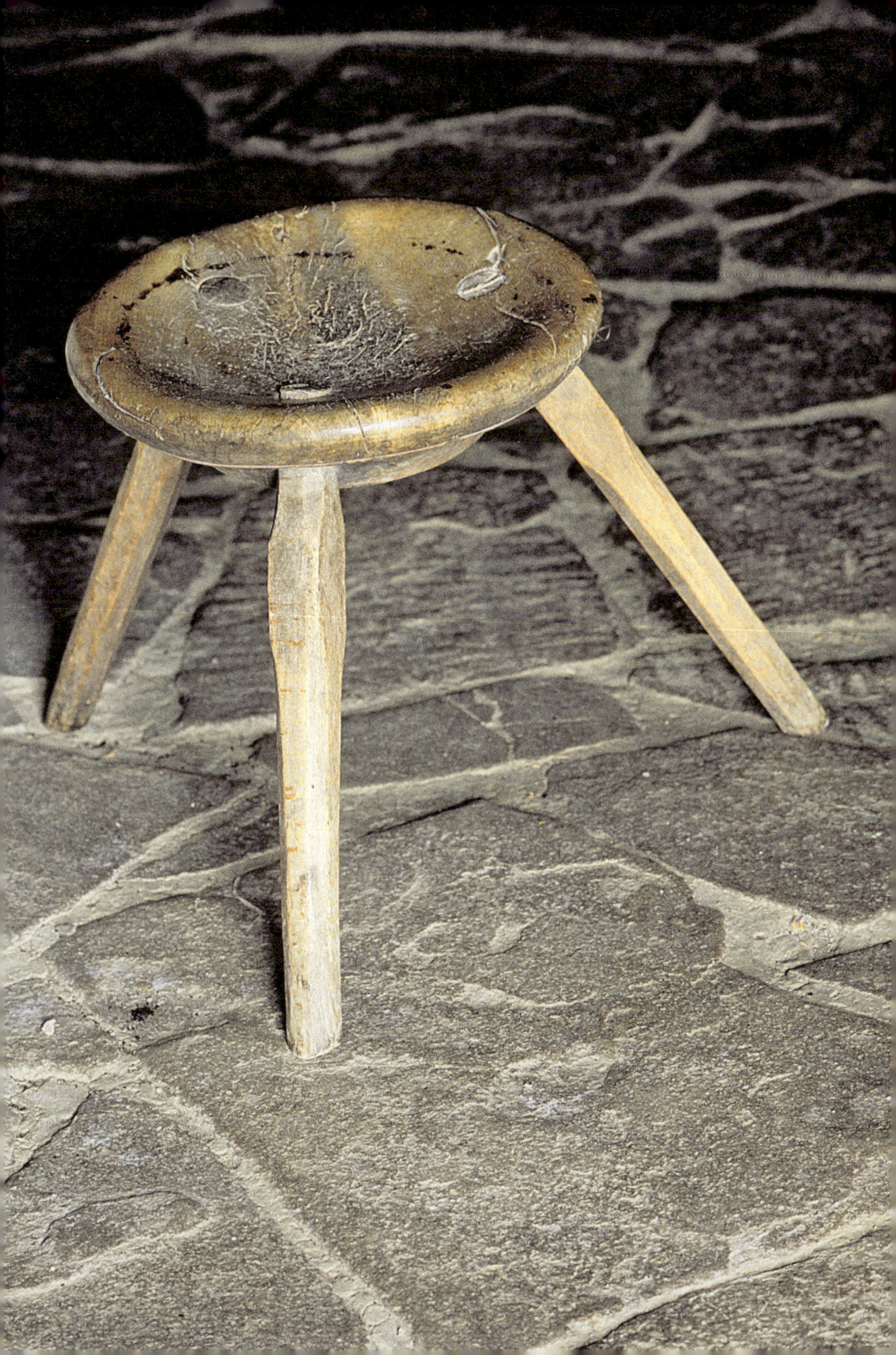

Goldsucher, Wetterlucken und Schützen

Das Büchlein des Venedigermandls
Roßleithen

Der Sage nach hatte ein feingliedriger Fremder in einer Mühle im Pyhrn-Priel Unterkunft gefunden, war tagsüber in den Bergen und experimentierte des Nachts mit Steinen und scharfriechenden Flüssigkeiten. So scharf, dass die Müllerstochter niesen musste, als sie heimlich durchs Schlüsselloch spähte. Da wurde das Venedigermandl noch heimlicher, obwohl sich alle darum bemühten. Das Müllerstöchterlein strickte sich sogar ein rotes Jäckchen, weil das Mandl eine Vorliebe für Rot besaß.

Als im Herbst die Zeit des Abschieds gekommen war, schenkte der Venediger dem Müller ein abgegriffenes Büchlein mit unverständlichen Notizen. Danach befragt, wies das Mandl auf einen Felsen: Man brauche die Sprüche nicht zu verstehen, müsse nur auf diesen Berg steigen, sie laut lesen, dreimal anklopfen, und der Berg würde sich öffnen. Alles andere würde sich fügen. Sprachs und zog schwer bepackt seines Weges.

Tatsächlich erstiegen Vater und Tochter den Felsklotz und taten, wie ihnen geheißen. Der Berg öffnete sich, und eine Stiege führte zu einem unterirdischen See. Auf dem schwamm ein kleines Boot, in dem drei Männchen in roten Röcken saßen. Als sie die Müllerstochter in ihrem roten Jäckchen erblickten, riefen alle drei: »Das Dirndl mit dem roten Scheikl is inser!« und hielten goldene Kugeln als Gegengabe hoch. Das Mädchen flüchtete sich zu ihrem Vater; auch dem brummigen Müller kam das Angebot nicht geheuer vor, und so machten beide, dass sie aus der Höhle kamen, ehe sich das unheimliche Tor wieder schloss. Das Büchlein geriet in Vergessenheit. Ob es noch irgendwo liegt? Du weißt schon, in einer Mühle im Pyhrn-Priel! (nach: Franz Braumann, 1970)

Stummer-Mühle, Roßleithen
Nähe Pießling-Ursprung

Doline
»Wetterlucken«

Wetterlucken
Pyhrn-Priel

Von einem Bauern wird erzählt, »dass er beim Krautsetzen, wenn kein Regen in Aussicht war, zu seiner Wetterlucken hinaufging und sich auf diese Weise half.« (nach: Gottfried Ramsebner, 1992)

Wetterlucken oder Wetterlöcher heißen Dolinen in der Pyhrn-Priel-Region, wo man bei Schlechtwetter den Spruch kennt, da habe jemand in einer Wetterlucken gestierlt. Steine hineinzuwerfen wäre nicht ratsam, umgehend würden der Wetterlucken Nebel entströmen, die sich zu einer Wetterwolke verdichteten. Brot dagegen brächte während eines trockenen Sommers den ersehnten Regen.

Wer die sagenhaften Wetterlöcher erleben will, erwandere zu Beginn des Bergsommers die Elmgrube im Toten Gebirge. Er wird in eine Urlandschaft aus dampfenden Dolinenschächten und ungefügem Blockwerk eintauchen, überzogen von einer zauberhaften Flora. Es sollte zu einer frühen Vormittagsstunde sein.

Dolinen zählen zu den objektiven Gefahren der Kalkberge, kaum erkennbare Fallen im Frühjahr, wenn die Erdwärme die Altschneebrücken von unten her abtaut. Die Faustregel, Mulden im Karst zu meiden, nützt nur bedingt. Wir hatten selbst bei einer Firntour über die verfallene Dielaualm auf die Hohe Schrott nichtsahnend einen solchen Höllenschlund überschritten und erst während der schönsten Frühlingsblüte wenig später gesehen, dass er sich mitten am alten Almweg aufgetan hatte; allen alpinen Weisheiten zum Trotz zuhöchst oben auf einer Kuppe.

Der Brotfall
Hinterstoder

Sechshundert Meter eingeschartet, trennt die Klinserschlucht Spitzmauer und Großen Priel, der aus ihr seine mächtige Südwestschulter aufbaut, den Brotfall. Dieser wacht über das weiträumige Kühkar mit seinem charakteristischen Schneefeld unter der Priel-Südwand. Durch das Kühkar und hinauf zur Brotfallscharte führt einer der landschaftlich eindrucksvollsten Anstiege.

Keine Zeit für die reizvollen Gegensätze dieser Route sollen vor Jahren zwei Schützen gehabt haben; die Jäger waren ihnen auf den Fersen. Darüber wurde es dunkel, und die Wildbratler biwakierten in der Höhle knapp unterhalb der Scharte. Sie waren gut ausgerüstet, der Volksmund erzählt von einem Schrödl Geselchtem und einem ganzen Laib Brot. Also ging man daran, sich zu stärken. War es die Kälte, waren die Hände durch die Anstrengung zittrig geworden, der Laib entglitt dem Schützen und kollerte, hüpfte und sprang in der Falllinie hinunter, eben dorthin, wo die Jäger kauerten. Die wussten nun, wo die Kerle steckten, und für die oben galt es, nun sofort aufzubrechen, wollten sie nicht im Gefängnis oder an der Militärgrenze der Monarchie im Osten landen. Zuvor hängten sie noch einen lodenen Wetterfleck in die Felsen, um den Jägern ihre Anwesenheit vorzutäuschen. Diese gaben sich beruhigt dem Schlaf der Gerechten hin, und als sie frühmorgens an der Biwakhöhle anlangten, waren die Wilderer längst über den Berg und in Sicherheit. »Wonn koa Almhüttn war und koa stoanas Wandl, wo hätt denn der Wildschütz sei Unterstandl?«, gibt eine Stickerei der Mina Gamsjäger auf der Unteren

Saarsteinalm beredt Zeugnis, auf welcher Seite die Sympathien der damaligen Zeit lagen.

Die Sache mit dem Brotlaib kam unters Volk, und seither trägt der Brotfall seinen Namen. (nach: Gottfried Ramsebner, 1992)

Fürsten, Ritter und edle Fräulein

Weg zum Rudolfsturm
Hallstatt

Das Kreuz des Kaisers
Hallstatt, Obertraun

Eine Tafel an den Felsen des Hallstätter Salzberges erinnert an den Besuch Kaiser Maximilians I. am 5. Jänner 1504 anlässlich eines Aufenthaltes auf der »Rüdenburg« jenseits des Sees, an deren Stelle heute Schloss Grub steht. Nach einer kurzen Andacht in der Kirche war er noch zum Rudolfsturm aufgestiegen, um danach einem Turnier auf der Feste beizuwohnen.

Bei der abendlichen Tafel wollte Maximilian vom glücklichen Ausgang seines Jagdabenteuers in der Martinswand erzählen und dazu das goldene Kreuz herzeigen, welches er stets über der Brust trug. Allein, es war verloren, und die beiden Söhne des Burgherrn machten sich ohne Wissen des Anderen auf, das Kleinod zu suchen. Lothar, 16, wagte sich als erster auf den inzwischen stürmischen See, entdeckte das Kreuz auf dem Teppich der Kirche, verlor jedoch das eigene Medaillon, ein Andenken an seine früh verstorbene Mutter. Er kehrte um, fand es und wollte eine Weile ausruhen, doch die Erschöpfung übermannte ihn.

Nach dem Tode seiner ersten Gemahlin hatte der Burgherr ein zweites Mal geheiratet. Wolfram, inzwischen 14, war geboren worden. Auch er wollte das Kreuz finden, um die Gunst des Kaisers zu erringen, wurde aber von einem gedungenen Mörder abgefangen und kam in den Wellen um. Seine Mutter hatte jenen auf Lothar angesetzt, um dem Zweitgeborenen die Erbfolge zu sichern. Er griff im tobenden Unwetter den Falschen an und fand selbst in den Wellen den Tod.

Bis zum Morgen war der Sturm abgeflaut. Lothar kehrte mit des Kaisers Kreuz zurück und nahm aus der Hand Maximilians das Goldkettlein entgegen, das dieser dem Tapfersten jenes Turniertages gewidmet hatte. (nach: Hermine Proschko, Seerosen, 1886)

Die kleine Gathl und der Erzherzog
Ebensee

Agathe war Vollwaise. Der Pflegevater, Haldbauer vom Haldhof am Langbathsee, meinte, sich lange genug um sie gekümmert zu haben, und schickte die kleine Gathl zu einem Vetter in die Viechtau. Auf dem Haldhof hatte sie hart gearbeitet, Holzbündel aus dem Wald in den Schuppen geschleppt und bei jedem Wetter die jungen Lämmer gehütet. Der Wirt in der Viechtau aber machte ihr Angst. Hartherzig sollte er sein und abweisend. Und was sollte ohne sie aus dem weißen Schäfchen mit dem roten Halsband werden?

Gleichwohl, sie nahm ihr kleines Herz in beide Hände und ging, holte für das Grab der Eltern noch ein Sträußerl Blumen und pflückte im Wald Beeren gegen den Durst, hier ein paar, dort noch mehr; der Tisch war reich gedeckt.

Über das Beerenbrocken verlor Agathe die Orientierung und kam statt in der Viechtau im Trauntal heraus. Statt vor dem Gasthaus bei einem entlegenen Jagdschlösschen. Sie fand freundliche Aufnahme, der Hausherr hörte ihre Geschichte und versprach, sie aufzunehmen: Die eigene Tochter hätten sie verloren, nun wäre ihnen eine neue geschenkt worden. Seine Gattin würde darüber nicht böse sein. Und so geschah es auch, niemand widersprach. Sogar der Haldbauer kam im Sonntagsgewand nach – an der Hand das weiße Lämmchen mit dem roten Halsband.

Eine Sage. Wahr oder erdacht? In Bad Ischl kannst du einen Brunnen zum Andenken an dieses großherzige Paar finden. Erzherzog Franz Karl und Erzherzogin Sophie, die Eltern Kaiser Franz Josephs I., auch die Zieheltern der kleinen Agathe? Vielleicht. Sagen haben manchmal einen wahren Hintergrund.
(nach: Hermine Proschko, 1886)

Erzherzog Franz Karl und Erzherzogin Sophie
Denkmal mit den Portraits
Bad Ischl, Kreuzplatz

Die Gründungssage des Klosters Mondsee

Odilo II., Spross des seit 555 nachgewiesenen Geschlechts der Agilolfinger und Gründer der Benediktinerabtei Mondsee, trägt die Insignien eines bairischen Herzogs seit dem Jahre 736, vielleicht auch 737. Seit der Fehde mit den mächtigen Brüdern seiner Gattin, die er ohne deren Zustimmung gefreit hatte, dem Sieg über die Awaren und der Unterwerfung der Alpenslawen ist er zu Recht als Haudegen zu bezeichnen.

Der Sage nach jagte Herzog Odilo mit Gattin und Gefolge im Gebiet um den Mondsee, geriet in der Dunkelheit in felsiges Terrain, und nur das durch die Wolken brechende Mondlicht bewahrte ihn vor dem Sturz in die Tiefe, in welcher der See schimmerte. Dieser heiklen Situation soll das Gelübde entsprungen sein, am Mondsee ein agilolfingisches Eigenkloster zu gründen. (Volksgut)

Eine entsprechende Szenerie bietet ausschließlich die Kienbergwand, der steile bis senkrechte Abfall des Kienberges am Südufer des Mondsees. Der Versuch, Sage und Wirklichkeit in Deckung zu bringen, sieht die Jagdgesellschaft zunächst in den südseitigen Hängen des Kienberges, im herzoglichen Eigenforst, mit dem Odilo später seine Stiftung ausstattete. Die Jagd folgte offensichtlich einem starken Stück auf einem Wildwechsel, der bis in die Gegenwart benützt wird und der sich nach Norden wendet. Selbst Kletterkünstler aus dem Tierreich sind diesem nicht immer gewachsen, wie Aufzeichnungen über den Absturz mehrerer Gämsen und zweier Hirsche in den letzten Jahrzehnten zeigen. Zudem übersah man in der Hitze der Verfolgung den Einbruch der Dunkelheit und hielt nur mit viel Glück an der Abbruchkante, wenn nicht schon ein Stück im Gewänd.

Das Gelübde in der Kienbergwand
Odilo II. von Baiern
Öl auf Leinwand
Museum Mondseeland

Jedes Gelübde enthält eine Bedingung oder einen Dank an den Gnadenspender. Eine Bedingung musste an den begreiflichen Wunsch gebunden sein, mit Gottes Hilfe heil aus dieser Situation herauszukommen. Der Dank entspräche der Erleichterung nach überstandenem Abenteuer. Beides stünde durchaus im Einklang mit dem politischen Wollen, durch eine Klostergründung Urbarmachung und Besiedelung im Sinne von Landnahme und Landbehauptung voranzutreiben.

Mondseer Codices schreiben die Grenzen der letzten Schenkung im Gründungsakt zum Stift mit 748 fest, also kurz vor dem Tode des Herzogs am 18. Jänner dieses Jahres. Womit seine Urheberschaft belegt ist, die Umstände dagegen weiter im Ungewissen bleiben.

Der Viechtauerwind
Traunkirchen

Ein einfacher Junge, der von der Karbachmühle über den Traunsee zum Nonnenkloster auf der Felsenhalbinsel von Traunkirchen schwimmt, und ein Mädchen aus adeligem Hause sind die Protagonisten dieser Sage. Sie, gesellschaftlich für ihn unerreichbar und während der Abwesenheit des Vaters vorübergehend im Kloster, stellt ihm für seine nächtlichen Besuche eine Kerze ins Zellenfenster. Dann bricht ein Sturm los, das Licht erlischt.

―――

»In den See hinaus ragt ein mächtiger Felsblock, der Johannesberg, der das uralte Johanneskirchlein mit einer großen Glocke trägt«, führt der unbekannte Autor der fragmentarischen Beilage eines Reisehandbuches für das Salzkammergut von 1881 den um die Jahrhundertwende in Literatenkreisen überaus beliebten Abklang des griechischen Vorbildes in die Wirklichkeit zurück. Die Mär von Leander aus Abdyos und Hero, einer Priesterin der Aphrodite, endet unglücklich. Wir wollen den Schluss offen lassen. Alles kann ja auch gut ausgegangen sein. Wie das Abenteuer eines Buben, ebenfalls in Traunkirchen: »Merkwürdig ist die Thatsache, dass von der Höhe des Felsens (32 m) vor Jahren ein Knabe stürzte, ohne dass er sich verletzte.«

Daran schließt eine naturkundliche Betrachtung: »Der so friedliche See kann auch furchtbar wild sein. Ein Traunseesturm ist mit Recht gefürchtet. Die Passatwinde (morgens Südwind, mittags Nordwind, abends Südwind, nach Mitternacht Nordwind) sind ungefährlich. Der eigentliche Sturmwind ist der

Traunkirchen
Kloster (l.) und Johannisberg-Kirchlein
gegen den Traunstein

orkanartige, niedrigstreichende Viechtauerwind aus dem Thale der Viechtau, der wegen seines plötzlichen Hereinbrechens und seiner Heftigkeit der Schrecken der Fischer ist. Er schlägt mit voller Wucht an die Felsen des Traunsteins, den er nicht übersteigen kann, wird von ihnen in den See zurückgeworfen und wühlt in kürzester Zeit die Fluth in ihren Grundtiefen derart auf, dass gewaltige Wogen sich erheben, deren weiße Wellenkämme aus zischendem Schaume dem See ein gespensterhaftes Aussehen geben. Am 30. Juni 1854 wüthete solch ein Orkan am See; 9 Fischer ertranken.«

Die »Schlafende Jungfrau«
Gmunden, Ebensee

Wo der Erlakogel in den Traunsee abfällt, stand einmal eine Burg. Ein schönes Burgfräulein war herangewachsen, und unter den vielen Rittern, die um ihre Hand anhielten, gefiel ihr ein Königssohn am besten. Ehe sie ihm jedoch das Jawort gab, forderte sie als Beweis seiner Liebe drei Edelsteine, die hierzulande zu finden wären: Liebe, Treue, Dankbarkeit. Sie sollten seine Morgengabe werden, und das Fräulein wollte schlafen, bis er sie weckte.

Voller Zuversicht zog der Prinz los. Den ersten Stein hatte er bald gefunden, einen roten – die Liebe. Er kam häufiger vor. Den zweiten entdeckte er auf einer Halde, in der er im Mondlicht blau schimmerte – die Treue. Nur den dritten fand er nicht, weiß, in der Farbe der Dankbarkeit.

Im Reich der Sage sucht er immer noch. Einmal wird er den weißen Kristall finden und dem Edelfräulein bringen. Bis dahin schläft sie. Die Einheimischen meinten, der Berg neben dem Traunstein trage ihre Züge – die »Schlafende Jungfrau«, wie sie den Erlakogel vor nahezu 130 Jahren nannten. (nach: Hermine Proschko, 1886)

Sonne, Feuer und Liebe, in vielfältigster Weise mit der Farbe Rot verbunden, nahm der Mensch schon in seiner Frühzeit als lebensspendend wahr. Unstete Elemente zwar, aber Symbole der Wiederkehr. Wie könnte man sonst die Grabbeigabe von Rötel und Blumen in der Neandertal-Kultur erklären?

Kühler als die Glut von Feuer und Leidenschaft ist das Blau des Firmaments, dafür beständiger, auch in der Nacht noch zu erahnen. Der Mantel Mariens ist in diesem Blau gehalten, ebenso der Umhang des lehrenden Jesus. Es ist die Farbe des Dauerhaften und der Wahrheit.

Und der weiße Kristall? Weiß ist in der Farbenlehre jene Farbe, die sämtliches Licht unter Zerstreuung zurückwirft. So, wie Dankbarkeit alles Erhaltene vermehrt zurückgibt. Sag dem Prinzen des Rätsels Lösung, wenn er dir begegnet! Ein schlichter Bergkristall sollte wohl zu finden sein.

Der Schatzhüter auf der Wunderburg
Gmunden

Die Gmundner Altstadt lehnt sich an einen sagenhaften Burgenberg, bekannt als Gugl oder Guglberg, kartographisch als 500 Meter hoher Hochkogl ausgewiesen. Die Kopie der ältesten Landkarte von Oberösterreich aus 1815 - das Original von Georg Vischer entstand 1669 - zeigt das vieltürmige »Gmunten« mit dem Guglberg gleich dahinter. Auf seiner Kuppe als geschlossenes Gemäuer die Burg samt ihrem Namen: »Wunderburg«. Ein stolzer, ritterlicher Sitz, die Burggrafen von Kaiser Maximilian I. geschätzt, der hier zur Jagd weilte. Die Bauern dienten mit ihrer Arbeitskraft und leistbarem Zehent; sie achteten einen alten Spruch: »Herr ist, wer Schutz bietet.«

Neue Besitzer folgten, doch alle hielten sich an Brauch und Sitte. Bis auf eine Ausnahme, er sollte der letzte sein. Hartherzig und geldgierig, durch Geiz und Lieblosigkeit schon zu Lebzeiten dem Teufel verfallen. Schuldlos säumige Untertanen warf er gnadenlos ins Verlies, bis Zehent und Robot erbracht waren. Mied Nichten und Neffen, die ihn einmal hätten beerben können. Niemandem gönnte er seine Schätze und brach mit dem Teufel selbst ein Gewölbe in den Berg, wo er sie verbarg. Als seine Stunde schlug, wollte ihn wie seinesgleichen auch der Teufel holen, erlaubte ihm jedoch auf seine Bitten hin, für alle Zeiten in dem Gewölbe zu bleiben und Geld zu zählen.

Und so sitzt er dort unten und zählt und zählt, um am Ende doch wieder von vorne zu beginnen; zum Geldzählen verdammt, wie er nun einmal ist.

Die Wunderburg verfiel, doch die Sage vom grausamen Ritter und seinem Schatz blieb. Viele suchten, doch keiner fand das

Versteck. Zur Wintersonnenwende, in der Thomasnacht, der längsten des ganzen Jahres, würde sich ein Stein bewegen und den Eingang freigeben, so ging die Mär. Ein Mutiger könnte wohl dem Ritter einen Beutel Gold entreißen. Den letzten, der das Abenteuer wagte, soll man halb besinnungslos auf einer Steinplatte gefunden haben. »Der fürchterliche Blick!«, stammelte er nur, »der fürchterliche Blick!«. (nach: Franz Prillinger, um 1966, und Sabine Hitzenberger, 1989)

Das Oberösterreichische Urkundenbuch führt die Wunderburg 1324 als »die veste ze Gmunden«, den Landesfürsten von Österreich gehörig. Burggrafen hatten sie einschließlich des Salzwesens in Gmunden zu überwachen. Der Gug(e)lberg findet sich 1325 als »Gogelsperig« im Oberösterreichischen Stiftsurbar. (Konrad Schiffmann, 1932) Das Bild von Adolf Fischer basiert vor allem auf Braun und Hoogenbergs Städtebuch von 1594. »Demnach bestand sie in der Hauptsache aus einem großen, im Viereck erbauten, nach allen Seiten hin verteidigungsfähigen Turm, der in zwei Stockwerke geteilt war – mit Vorbau, Hof- und Ringmauer. Die ganze Anlage der Veste erweist sich somit als kleiner, wehrhafter Wohnbau im Gegensatz zu den größeren Herrenburgen, sie war also ein sogenanntes Burgstall und wurde tatsächlich noch im 16. Jahrhundert als solches bezeichnet.« (nach Dr. Ferdinand Krackowizer, 1925)

Militärisch bewährte sich die Wunderburg in der entscheidenden Phase des großen oberösterreichischen Bauernkrieges von 1626. Die Ringmauer, mit den Quadern des abgebrochenen oberen Turmdrittels verstärkt, wurde während der Belagerung Gmundens durch etwa 6000 Bauern von Kaiserlichen gehalten. Zwischen dieser zwar kleinen, doch jederzeit zum Ausbruch fähigen Truppe und der pappenheim'schen Streitmacht von 8000 Mann zu Fuß und 500 zu Pferd – Heinrich von Pappenheim hatte sein Hauptquartier im sogenannten »Pappenheimstöckl« beim Neuhofenbauern in Neuhofen aufgeschlagen – gerieten die Bauern in eine taktisch unglückliche Situation. Mit 2000 Gefallenen war denn auch nach der Schlacht von Pinsdorf am 15. November 1626 die Kampfkraft des Bauernheeres gebrochen.

SAKRALE KUNST

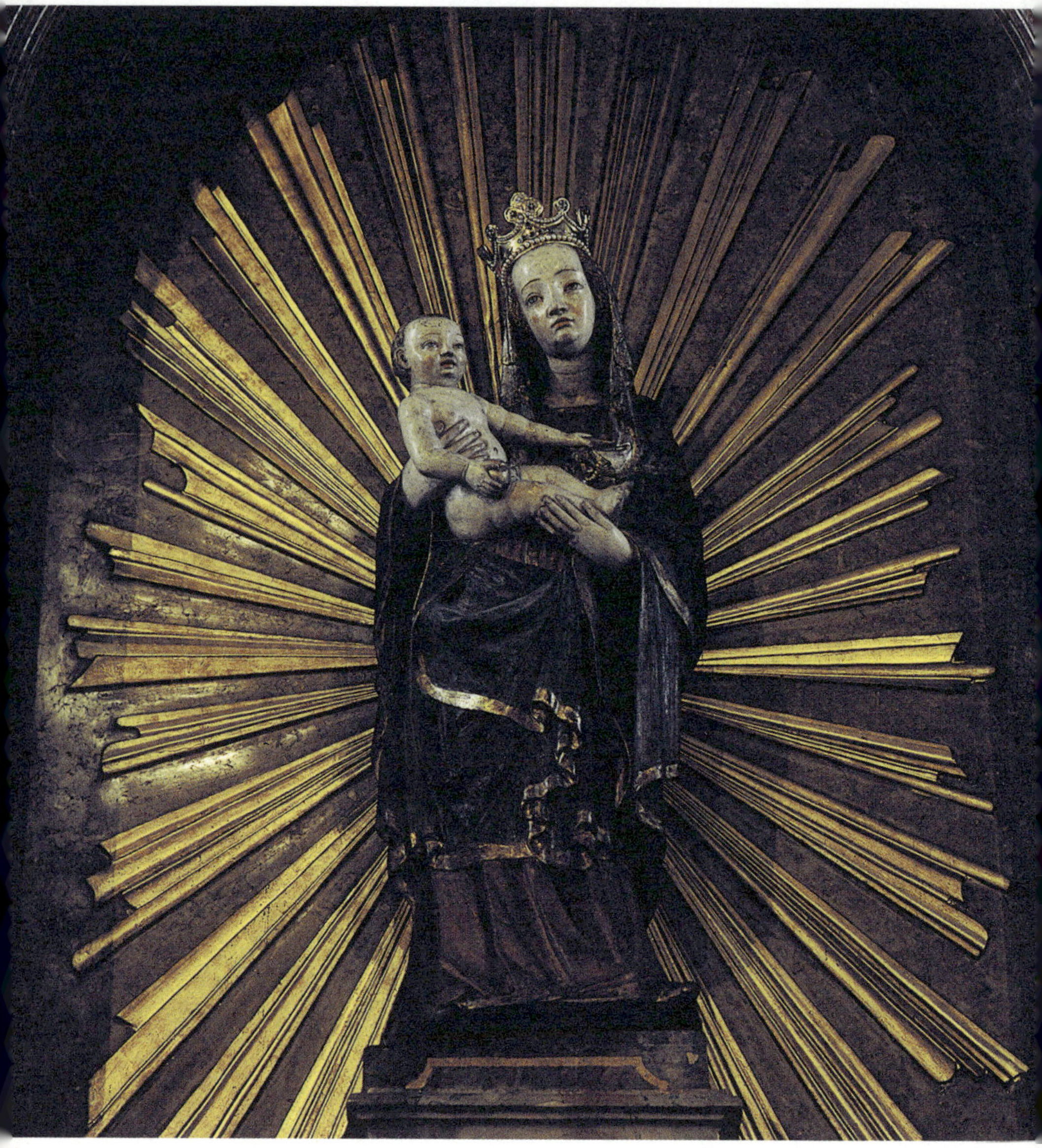

»Maria im Schatten«
Lauffen

»Lauf(f)en« ist ein Ortsname für Stellen, an denen Flüsse Felsbänke überwinden wie die Traun im »Wilden Lauffen« bei Goisern einen 5,68 Meter hohen Dolomitriegel. Erinnerung an die Traunschiffer. Nach der schwierigen Anfahrt auf den 90 Meter langen und 8 Meter breiten Kanal folgte die halsbrecherische Wende zu den Uferfelsen des alten Bräuhauses. Geschmiedete Haken erinnern an die Zillen, die hier zufuhren, um den seit 1311 gemäß königlichen Dekrets zum Salzverschleiß berechtigten Lauffenern das kostbare Gut zu liefern. »Bei der Ahnl hams auszahlt«, blieb als Sprachdokument erhalten – im Hause Lauffen 71, der ehemaligen Zahlstube.

Wie die in ihrer Bausubstanz gepflegten Bürgerhäuser rankt sich auch die Sage um die Pfarrkirche von Lauffen, »vnser Vrowen chürchen« aus dem Marktbrief von 1344. Ein Bischof Thimo aus Salzburg sei auf der Flucht hierher gekommen, habe ein steinernes Marienstandbild am Burgstallkogel verborgen und später an dessen Fuß in Erfüllung seines Gelübdes eine Kirche errichten lassen. Dabei sei die Statue wiedergefunden worden; der den Ort um 226 Höhenmeter überragende, steile Schattenhang stand der Namensgebung des Marienheiligtums Pate: Maria im Schatten.

Erzbischof Thiemo von Salzburg erscheint in der historischen Überlieferung als Erfinder jener Kunstform, der die Skulpturen aus Kunststein um 1400 entwuchsen. Thiemo, Benediktiner und 1077 Abt von St. Peter in Salzburg, war 1090 bis 1101 Erzbischof von Salzburg, reformierte Admont und musste sich wegen Fehden nach Kärnten zurückziehen. Als Todesjahr gibt das Archiv der Erzdiözese 1101 oder 1102 an; an anderer Stelle wird von einem Märtyrertod 1102 anlässlich eines Kreuzzuges berichtet.

Eine zeitgenössische Biografie (Admont, 12. Jahrhundert) rühmt Thiemo seiner Kunstfertigkeit wegen und weist auf Guss- und Formtechniken hin. Gussstein/Stuck-Fragmente aus der Zeit Erzbischof Thiemos wurden 2001 im Mauerwerk von St. Peter in Salzbug gefunden. Die Erhebung der Schifffahrtsberechtigungen von 27 Lauf(f)ener Bürgern durch Erzbischof Wladislaus 1267 zu Erbrechten belegt die Nähe des Erzbistums zu Lauffen.

Wesentliche Elemente der Sage finden sich in der realen Geschichte wieder. Die Muttergottes von Maria im Schatten freilich passt nach geltenden Erkenntnissen nicht in die Thiemo-Biografie: Sie entstand dreihundert Jahre später. Amt, Zeit und Fluchtmotiv, allenfalls auch Fluchtweg, kämen nur bei Berthold von Wehingen zur Deckung, Gegenerzbischof in Salzburg ab 1403, vertrieben 1406 und gestorben 1410 in Wien. Es wäre für die Sagendichtung nicht außergewöhnlich, zwei zeitlich weit auseinanderliegende Schicksale zu einer Handlung zu verschmelzen.

Jüngere Analysen lassen die Definierung des Materials aller nach Salzburg lokalisierten Gussstein-Figuren als hochgebrannten Gips mit etwas Sand oder Steinmehl von Dolomit sehr feiner Körnung zu. Die mit wenig Wasser angemachte Masse ließ man in vermutlich eher viereckigen Formen langsam aushärten und brannte sie bei mehr als 900 Grad Celsius. Der fertige Werkblock wurde, manchmal noch nicht zur Gänze ausgehärtet, vom Bildhauer bearbeitet. Der Datierung der vier Schönen Madonnen aus Stadt und Land Salzburg entsprechen die Schätzungen zur Schönen Madonna von Lauffen mit »um 1420«.

Anfänge zur Wallfahrt »zu Unserer lieben Frau am Lauffen« sind bereits im 14. Jahrhundert vermerkt. Nachhaltige Bedeutung erlangte sie durch die Pestepidemien von 1623 und 1634. Der Sage nach habe die erste, von Obertraun kommend, den Markt nahezu entvölkert; nur ihrer sieben seien übrig geblieben.

Angesichts der neuerlichen Bedrohung elf Jahre später suchten die wenigen Lauffener Zuflucht in ihrem Marienheiligtum und blieben verschont.

Quellen zu Lauffen:
Mag. Richard Czurylo, Pfarrer von Lauffen, 2014; OSR Patrick Ber, Lauffen, Wallfahrtskirche im Schatten, Kirchenführer, Lauffen 2008; Archiv der Erzdiözese Salzburg, 2014.

Quellen zum Steinguss:
Hofrat Univ.-Doz. Dr. Manfred Koller, Das Opus Thiemonis – Kunststeinverwendung in Salzburg im Hoch- und Spätmittelalter, Mitteilungen der Gesellschaft für Salzburger Landeskunde, 2002; Manfred Koller, Hubert Paschinger, Helmut Richard, Untersuchungen zur Guss-Steintechnik der Spätgotik in Mitteleuropa, Restauratorenblätter, Band 18, 1997.

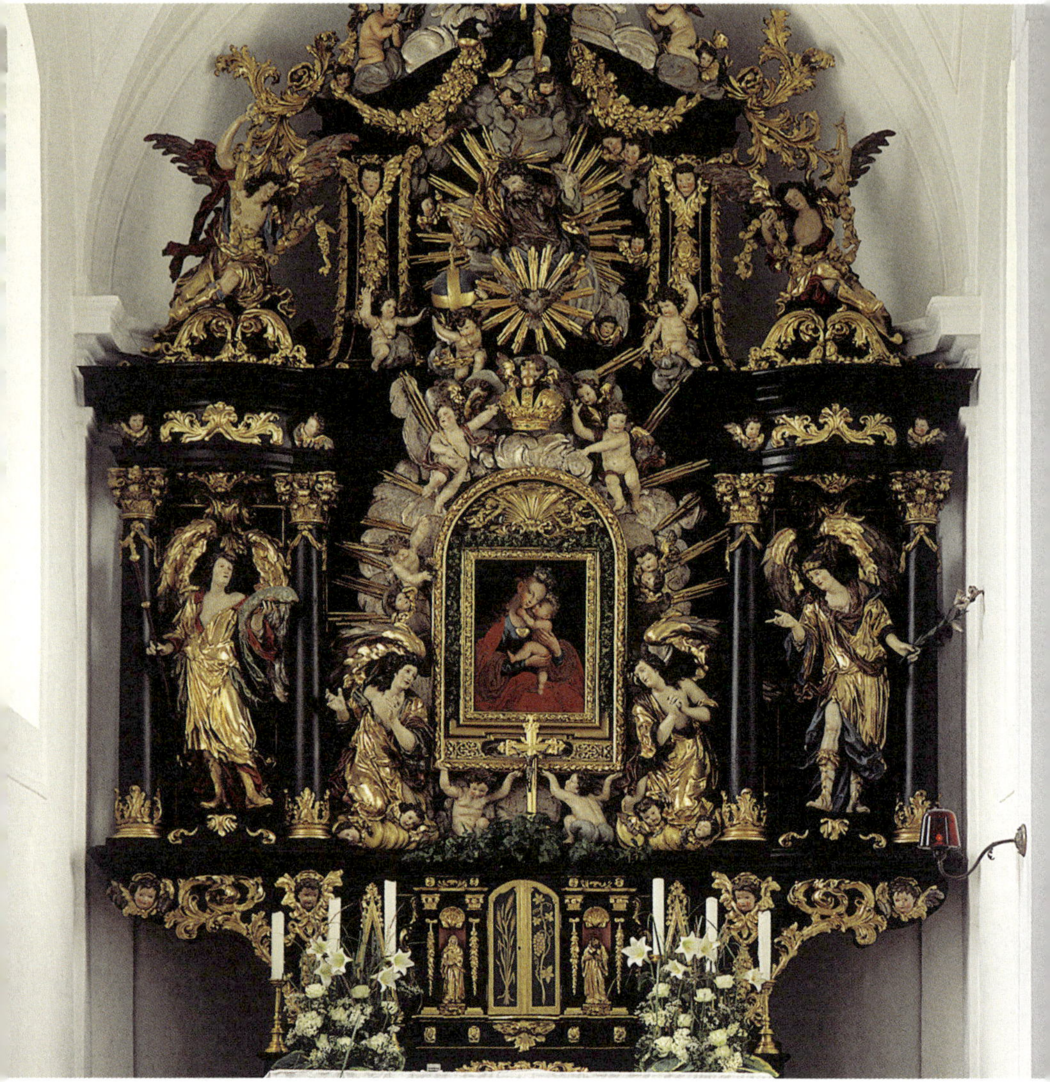

»Maria Hilf« in Mondsee

Das Gnadenbild der Wallfahrtskirche Maria Hilf in Mondsee geht im weitesten Sinne auf den Spanischen Erbfolgekrieg von 1701 zurück, einem der verlustreichsten Kriege dieser Zeit mit unvorstellbaren Gemetzeln, deren Gefallene in die Zehntausend gingen. Erst der Tiroler Volksaufstand 1703 und die Schlacht bei Höchstett 1704, am Schellenberg bei Donauwörth, bannten die Bedrohung für die innerösterreichischen Länder.

Die Nähe dieser Kampfhandlungen mochte Abt Amand Göbl in Mondsee zu einem Gelübde bewogen haben, ein Marienheiligtum zu errichten, sollte das Stift von diesen Greueln verschont bleiben. Er löste dieses Versprechen 1706 ein, als er das bestehende Ulrichskirchlein im Stile seiner Zeit umgestaltete. In das Zentrum des dafür geschaffenen Hochaltares von Meinrad Guggenbichler ließ er ein Gemälde einsetzen, das Franz Göbl, Bader in Mondsee, zur Inthronisation seines Bruders Amand 1678 dem Kloster gespendet hatte.

Die nach einer Mondseer Quelle aufgezeichnete Sage beschreitet einen anderen Weg. Sie legt das Altarblatt zu Maria Hilf in die Hände der achtjährigen Tochter Franz Göbls, die es am Grunde des Hausbrunnens gesehen haben soll. »Es wurde ins Baderhaus gebracht, doch fand man es am nächsten Morgen in der Kapelle am Pfaffenberg neben der uralten Linde. Man brachte das Bild zurück. Am nächsten Morgen war es aber trotz versperrter Türen abermals in der Kapelle. Da wurde es zunächst in der Abteikapelle und, als die Kapelle am Hilfberg zum Maria-Hilf-Kirchlein ausgebaut war, dort untergebracht.« (nach: AntonReisinger, 2006)

Das Zinnglöckerl
von Steinbach am Attersee

Der Sage nach, so die Chronik von 1986, wurde das »Zinnglöckerl« von Steinbach am Atterseee vor Zeiten nahe der Großen Alpe, später Große Alm und zuletzt Großalm, von einem Viehhirten ausgegraben. Es lag nahe, es das Aurachtal auswärts nach Neukirchen zu bringen, nur war das mit vier Pferden bespannte Fuhrwerk nicht von der Stelle zu bringen. Ein Gespann mit zwei Kalbinnen bewältigte das ungleich schwierigere Steilstück über die Passhöhe nach Steinbach ohne Mühe. Eine von Erich Weidinger festgehaltene Version nennt als Fundort das abgelegene Aurachkar und nach dem Unwillen der Viechtauer Pferde einen Steinbacher Stier.

War in Steinbach am Attersee jemand verstorben, läutete ihm der Mesner das »Zügenglöcklein«. Wie anderswo auch, die Kleinste und Hellste im Geläut. Die bodenständige Mundart kennt den Namen als »Zinnglöckerl«.(nach: F. Gerlach, J. Loy, V. Pangerl, mdl. 2014)

Die am oberen Rand der Schweifung angebrachte lateinische Inschrift ist in gotischen Lettern gehalten: »Komm o König des Ruhmes mit Frieden im Jahre des Herrn 910.« Eine Verbindung zu der 909 urkundlich erwähnten Benediktinerabtei »Trunseo« (Fuhrmann) in Altmünster wäre denkbar, gehörte doch Steinbach der dortigen Mutterpfarre an. Die Wissenschaft dagegen erhebt Einwände mit der Begründung, die verwendeten Schriftzeichen seien erst um 1400 gebräuchlich geworden, was eine Neufestlegung auf 1410 erfordere.

Sei's drum. Es war wohl nicht das geringe Ausmaß von 20 Zentimetern am Schlag, sondern eher die ehrfurchtgebietende Datierung mit 910, die dem Zügenglöcklein 1915 und 1942 das Schicksal größerer Schwestern ersparte, als kriegswichtiger Rohstoff konfisziert und eingeschmolzen zu werden; 's Zinnglöckerl durfte in seinem Glockenstuhl bleiben.

Die Hundsquelle
von Steinbach am Attersee

Quellen im Flysch versiegen manchmal, um anderswo wieder aufzubrechen, und so hielt es auch die Hundsquelle. Weg war sie, ließ nur einen Flecken feuchter Quellflur zurück, der sich bis zum heutigen Tag hält. Auch die Art der Heilkraft geriet in Vergessenheit. Man suchte nicht nach der Ursache, sondern nach dem Schuldigen, der den Brunnen entweiht hatte, wie man meinte. Der, besser die Schuldige, war bald gefunden. Sie hatte wohl das altersbedingte Rheuma ihres vierbeinigen Lieblings lindern wollen und ihm ein Bad in der Quelle vergönnt. Bad und Schwund fielen zeitlich zusammen, nicht ursächlich.

―

Die Sage von der »Hundsquell'« in Steinbach am Attersee beschäftigt die Heimatkundler im Ort nach wie vor. Sie erzählt von einer heilkräftigen Quelle auf halber Höhe des Kirchenberges, etwa in Falllinie der südwestlichen Friedhofsecke. Franziska Gerlach und Josef Loy ist noch diese mundartliche Bezeichnung geläufig.

Auch »der Stein« in der Friedhofsmauer wird mit der versiegten Quelle in Verbindung gebracht (nach: Josef Loy, mdl., 2014): ein Wandbrunnen aus der Spätrenaissance mit einem geflügelten Engelkopf als Wasserspeier. Die Fünf der Datierung in den Kapitellen der angedeuteten Säulen, immer die Eigenwillige im Ziffernsatz, trägt noch den Schwung der Gotik. Wen sollte dieser Marmorbrunnen erfreuen, wem nützen? 1598 bleibt nur der Kirchenbezirk mit seinen guten Beziehungen zum Erzbistum Salzburg. Enthielt die Quelle tatsächlich heilkräftige Mineralien, ist der Wandbrunnen als angemessene Fassung nicht auszuschließen.

Die Gründungssage der Urkirche birgt das Geheimnis der Hackschnitzel, die auf »unerklärliche Weise« so oft nächtens vom vorgesehenen »Kreuzbichl« zum bestehenden Platz am Kirchenberg gelangt seien, bis man darin ein Zeichen sah und die Kirche hier, über einer vermutlich vorchristlichen Kultstätte, errichtete. Diese Meinung untermauern kleine Skulpturen, die in jüngerer Zeit auf dem Friedhofsareal von St. Andreas in Steinbach gefunden wurden.

Der Sagenkorb von St. Lorenz

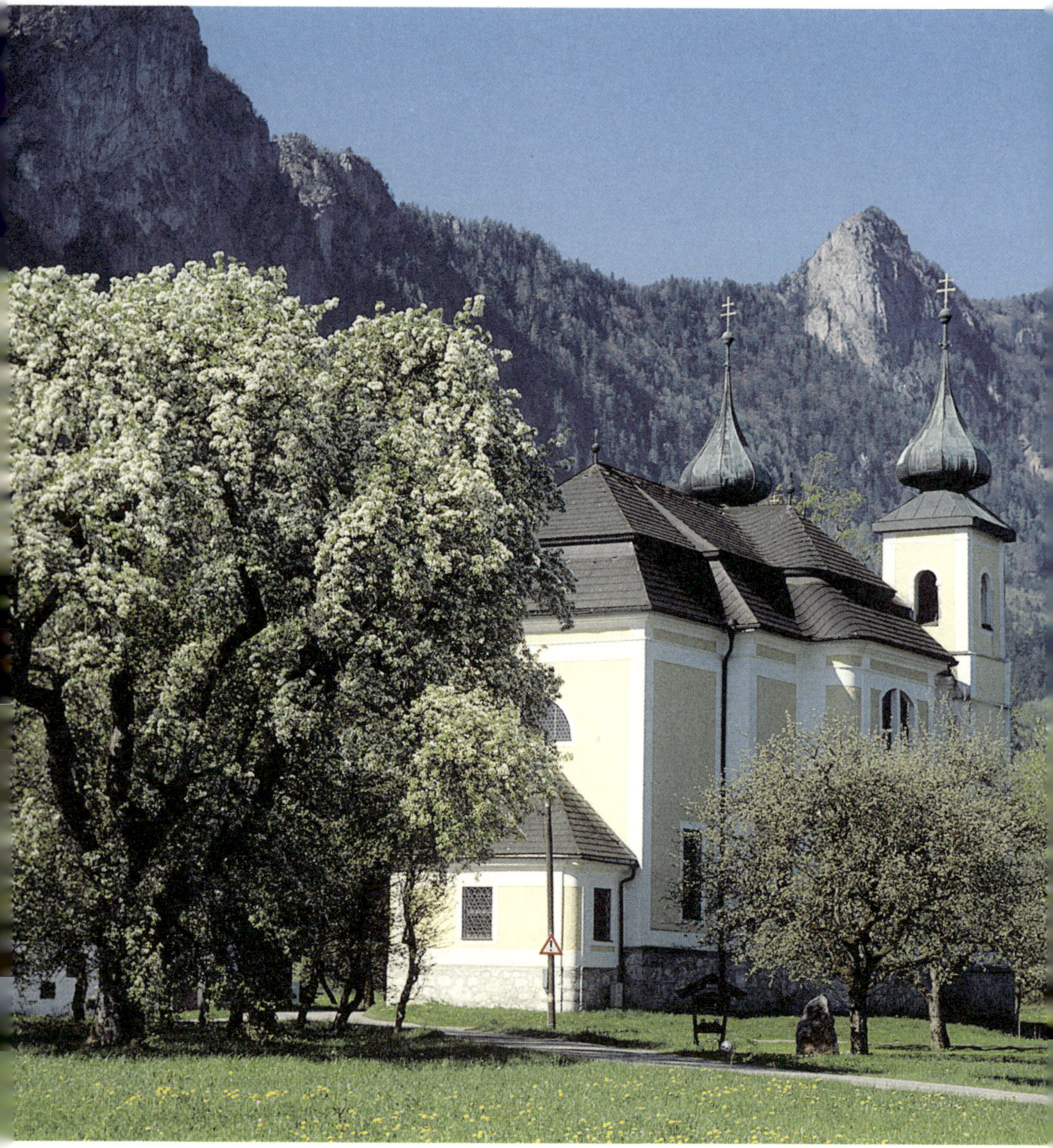

Das Laurentius-Patrozinium
St. Lorenz

Die zweitürmige barocke Laurentiuskirche von St. Lorenz zählt mit der Kulisse von Drachenwand, Schatzwand und Schober zu den Wahrzeichen des Mondseelandes. Als Laurentium-Patrozinium des Klosters Mondsee kann ihre Geschichte über tausend und fünfzig Jahre zurückreichen: Als Dank nach der Schlacht am Laurenzitag des Jahres 955 vor Augsburg, einem zehnten August, der die unmittelbare Gefahr durch ungarische Steppenreiter bannte; ihr war die Abtei noch 943 zum Opfer gefallen und gebrandschatzt worden.

Wie das Lechfeld vor den Toren Augsburgs selbst Sage ist, hat sich auch St. Lorenz eine bedeutende Sagenkultur bewahrt:

Die Schatzwand
St. Lorenz

Von der dem Mondseeland zugekehrten markanten Schatzwand zwischen Schober und Drachenwand konnte sich niemand vorstellen, dass sie ohne Ursache jede Annäherung durch Steinschlag erschwerte. Gewiss war ein Schatz die Ursache – sie hütete also einen Schatz! Das bekamen zwei Jäger zu spüren, die nach erfolgloser Pirsch ihr Pulver auf eine Rasenkanzel in der Wand verschossen. Dem Knall der Büchsen folgte das Klatschen aufschlagender Steine rings um die beiden, sodass sie schleunigst das Weite suchten.

Ähnlich erging es zwei Beerensucherinnen. Waldbeeren zeichnen sich durch besondere Süße aus, doch schon an den ersten Standplätzen vernahmen sie das Rieseln von Verwitterungsgrus aus der Schatzwand. Je näher sie ihr kamen, desto größer wurden die Geschoße. Am Wandfuß vermuteten sie die schönsten Beeren, doch dort krachte und polterte der Steinschlag so heftig, dass auch sie schnell wieder den Heimweg antraten.
(nach: Anton Reisinger, 2006)

Mooshäusl mit Schatzwand
St. Lorenz am Mondsee

Das Mooshäusl

St. Lorenz

»Wenn jemand spät am Abend diesen Wald betritt, dann kann es sein, dass er dort Irrlichter herumtanzen sieht. Auch kleine Wichtelmänner eilen dort geschäftig zwischen den Baumriesen umher und verrichten ihre Arbeit. Einige tragen Fischernetze zu ihren kleinen Booten, andere richten Fackeln zurecht, die die Nacht erhellen sollen. Wieder andere tragen Holz zu ihren kleinen Behausungen.« (Anton Reisinger, 2006, nach: Lindenthaler, 1926)

Die Sage wird noch heute am Mooshäusl erzählt, dem »Gütl am Moos« des alten Grundbuches der Stiftsherrschaft Mondsee von 1750. (nach: Reg.-Rat Willibald Mayrhofer, Oö. Landesarchiv, brfl. 2014, und Michael Kalleitner, vlg. Mooshäusler, mdl. 2014) Es liegt inmitten der flachen Deltaablagerung von Mühlbach und Fuschler Ache. »Moos« deutet nasse, wenn nicht moorige Wiesen an, mit rätselhaften Lichtern, die in dem ehemals stattlichen Wald um einen kleinen See ganz in der Nähe zu sehen gewesen seien.

Das alte Mooshäusl, Aufnahme 1920
St. Lorenz am Mondsee

Schwarzer Findling im hellen Wettersteinkalk
Klausbach, St. Lorenz

Das Venedigermandl am Klausbach

St. Lorenz

An dem zwischen Drachenwand und Almkogel eingeschnittenen Klausbach soll auch einmal ein Venedigermandl unterwegs gewesen sein. Der Sage nach hatte es sich bei einem Bauern einquartiert und marschierte am nächsten Morgen den Klausbach aufwärts bis zu einer Quelle, wo es einen großen Krug unterstellte. Nach Jahresfrist war das Gefäß bis oben hin mit Goldsand gefüllt. Letztlich wollte auch der Bauer sein Glück versuchen, folgte den Spuren des Venedigers, ohne jedoch Krug oder Quelle zu finden.

Vom Stammtisch beim Wirt zu Plomberg wird erzählt, dass ein Jäger glänzende Steine herzeigte, die er durch Zufall an einer Quelle am Klausbach gefunden haben wollte. Vom Nebentisch kam ein von Statur kleiner Mann mit dunklem Haar und dunklen Augen herüber und erwarb sie um dreihundert Gulden. Das war viel Geld, und der Jäger zog wieder los, um mehr davon zu holen, doch auch er suchte vergeblich. (nach: Anton Reisinger, 2006)

Triftklause und Thekla-Kapelle

St. Lorenz

Die Sage von der Thekla-Kapelle berichtet vom Wesenauer, Wirt zu Scharfling, der für die Klausbach-Klause zu sorgen hatte. Anlässlich eines Hochwassers beeilte er sich, einem unkontrollierten Abfluss zuvorzukommen. Es war zu spät. Die Flut erreichte ihn im Aufstieg, und er konnte sich eben noch auf den nächsten Baum retten. Dieser trug ein Bild der heiligen Thekla, und zum Dank stiftete der Wirt z'Scharfling die nach ihr benannte »Thekla-Kapelle«. Der Klausschlag wurde nicht wieder aufgenommen, das Ereignis zwischen 1850 und 1900 datiert. (nach: Anton Reisinger, 2006)

Triftklausen waren kunstvoll in Talengen angelegte Sperren, um ein Gerinne aufzustauen und Holz bei Höchststand mit dem Schwellwasser wegzuschwemmen. (nach: Angelika Diesenreiter, Flözen. in: pur, hinterstoder magazin 2014) Diese Art der Holzbringung im Gebirge war die Trift.

Am Klausbach lag auf einen Meter abgelängtes Rundholz zunächst an der Grabenkrone gestapelt, bis zur Schneeschmelze in höheren Lagen der Klausschlag die Flutwelle freigab. »Gefangen« wurde das Schwemmholz erst beim »Klaushofer« am Ufer des Mondsees. (nach: Franz Kerschbaumer, Holzknecht, St. Lorenz, und Georg Ebner, Plomberg; beide mdl. 2014)

Der Kranz über dem Haupt der Heiligen auf dem Altarbild der Kapelle weist auf die Thekla des ersten nachchristlichen Jahrhunderts hin, eine Schülerin des Paulus, und wird sowohl der Anerkennung in der Ostkirche als Märtyrerin gerecht als auch der Verehrung als Jungfrau in der Westkirche mit einem Schwerpunkt in Bayern. Einzelheiten über das Original sind nicht erinnerlich.

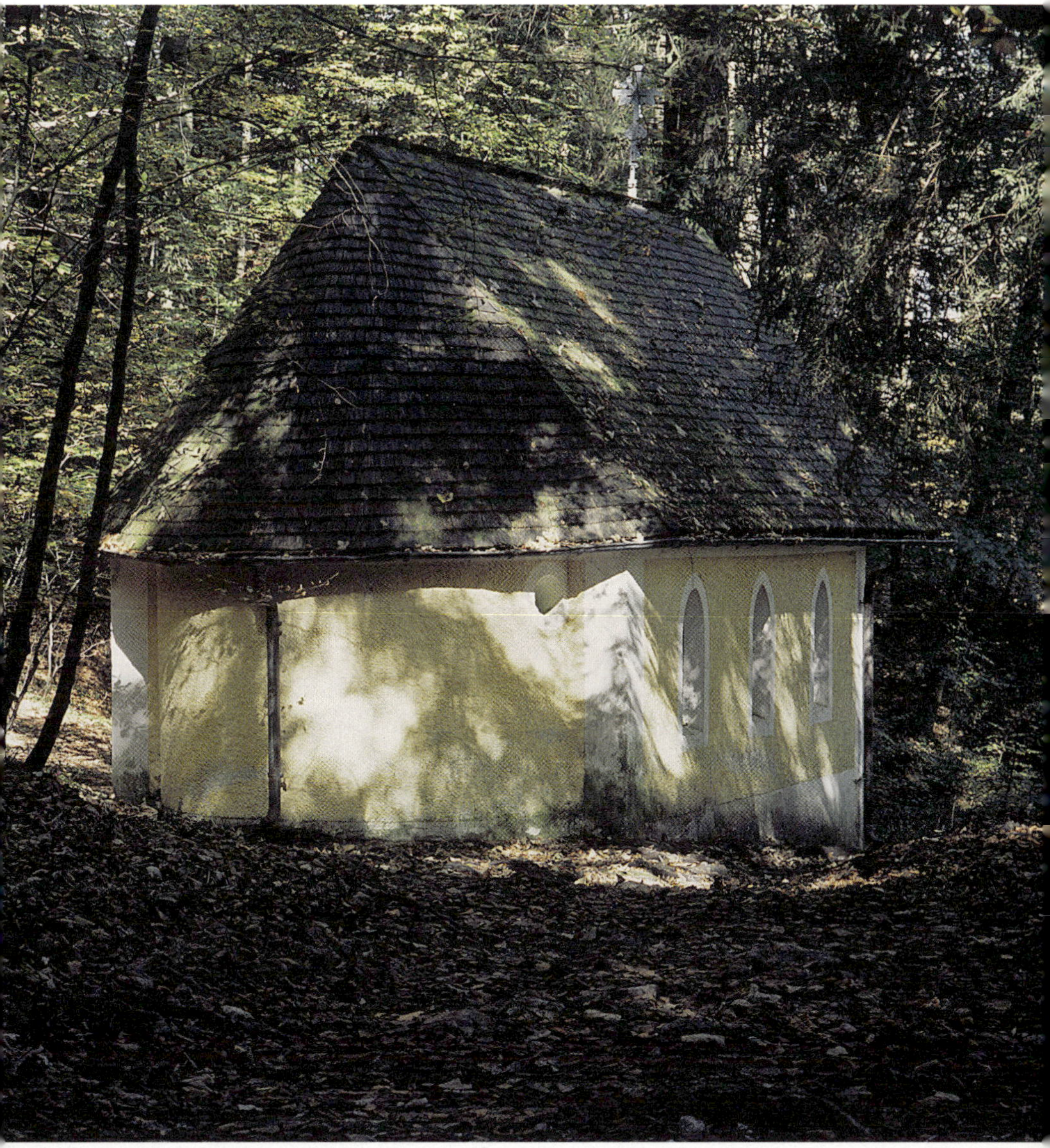

Die kleine Thekla

St. Lorenz

Der Zustieg zur Thekla-Kapelle von Gries aus führt an einem erneuerten, hölzernen Bildstock vorbei, der »kleinen Thekla«. Das alte Stöckl soll das ursprüngliche Bildnis vom Baum enthalten haben. Die aktuelle Darstellung übernimmt jenen Teil der Legende, in dem Thekla nach dem Scheiterhaufen und den Schlangen im Kerker auch die Arena mit wilden Tieren übersteht. Das Motiv an Riemen und Kette geführter Bären besitzt eine Parallele in einem Mosaik aus Tripolis des 2. Jahrhunderts.

Dem Bild dieser Thekla ist indessen die Biografie einer Heiligen und Äbtissin gleichen Namens aus dem 8. Jahrhundert beigefügt, deren Wirken zum Teil in die Regierungszeit Odilos II. fällt, des Agilolfingerherzogs und Klostergründers von Mondsee. Die Ikonografie kennt sie als Benediktinerin mit Stab während der Krankenpflege. (nach: Anne-Lu-Ilse Wenter, Mondsee, und Josef Schachl, vlg. Hanslbauer, Gries/St. Lorenz; beide mdl., 2014)

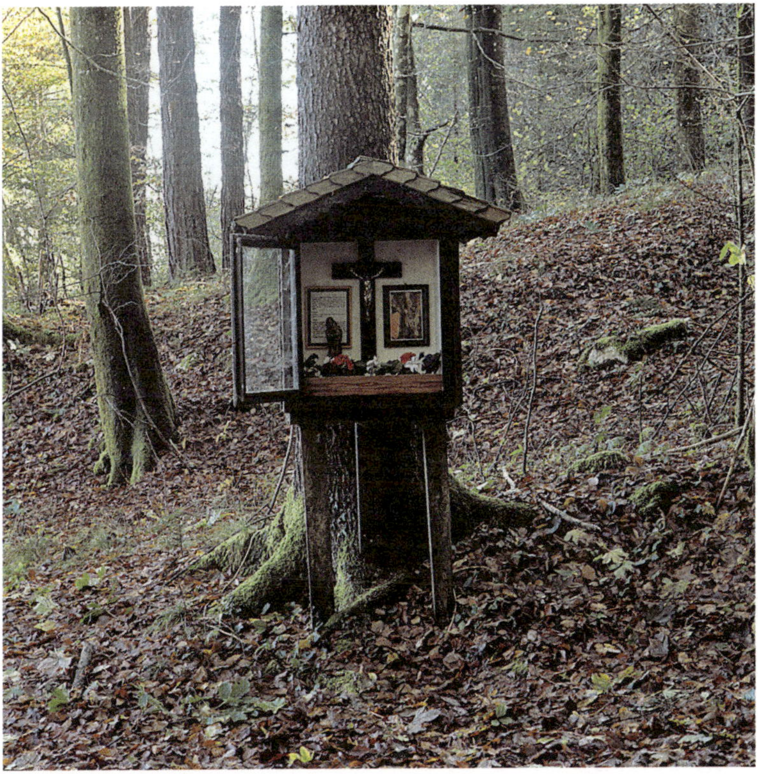

Die Sage im Volkslied

Auf'm Bergerl is a Manderl
Singspiel

1. Auf'm Bergerl is a Manderl, hat a wunder-schö-nes Gwanderl, hoppla he, springt her-um, didl-didl, didl-didl, di-dl-dum.

Auf'm Bergerl is a Manderl

Auf'm Bergerl is a Manderl,
hat a wunderschönes Gwanderl,
hoppla he, springt herum,
didl-didl, didl-didl, di-dl-dum.

Drin im Wald da is a Hauserl,
gleich danebn wohnt a kloans Mauserl,
's Mauserl springt mit herum,
didl didl didldum.

's Mauserl ausn Hauserl hupft,
glei a Haserl zuwaschlupft,
und zu dritt geht's herum,
didl didl didldum.

Und a Oachkatzl am Bamerl
Springt glei aber auf a Schwammerl
und zu viert geht's herum,
didl didl didldum.

Jetzt haben aber alle gnua,
's Manderl ruaft: jetzt is a Ruah!
Oanmal nu rundherum,
didl didl didldum.

Singspiel aus: Sepp Karl, Sing ma a Liadl, 1984.

Da drunt beim Bach

Da drunt beim Bach da steht a Haus,
(da drunt beim Bach da steht a Haus),
dort is ein alter, holada reidulia,
dort is ein alter Edelmann z'Haus.

Da Edlmann der hat an Knecht,
(da Edlmann der hat an Knecht),
und alles, was er, holada reidulia,
und alles, was er tuat, is recht.

Er steckt sein Herrn in an Habansack,
(er steckt sein Herrn in an Habansack),
und tragt'n eini, holada reidulia,
und tragt'n eini in d'Müllnerstatt.

Guatn Morgn, guatn Morgn Frau Müllerin,
(guatn Morgn, guatn Morgn Frau Müllerin),
wo stell i denn mein, holada reidulia,
wo stell i denn mein Habansack hin.

Stell'n nur herein auf de linke Seit,
(stell'n nur herein auf de linke Seit),
zu meines Töchterleins, holada reidulia,
zu meines Töchterleins Bettstadelein.

Wohl hin, wohl hin um Mitternacht,
(wohl hin, wohl hin um Mitternacht),
hat si da Habansack, holada reidulia,
hat si da Habansack selba aufgmacht.

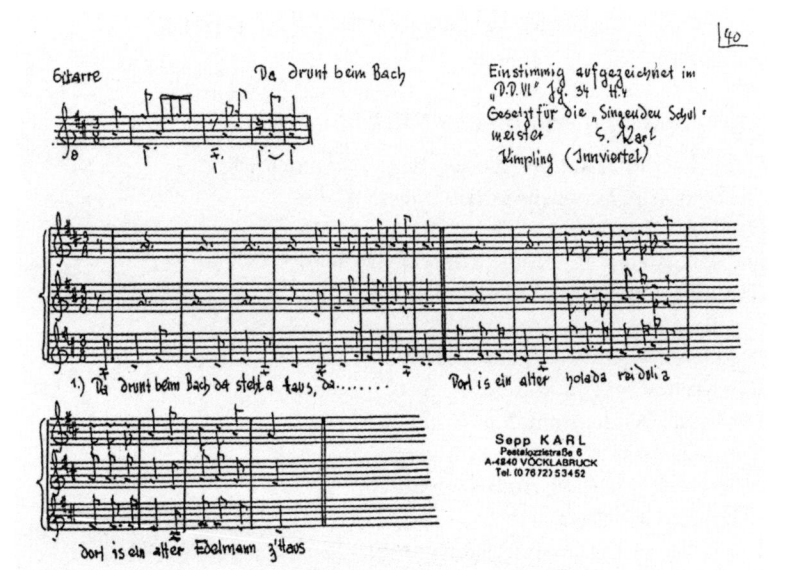

Frau Muatta, Frau Muatta mach gschwind a Liacht,
(Frau Muatta, Frau Muatta mach gschwind a Liacht),
bei meinem Bettstadl, holada reidulia,
bei meinem Bettstadl hat si was g'rüahrt.

Da kimmt da Müllner mit'n Besnstül,
(da kimmt da Müllner mit'n Besnstül),
und jagt des Teufelsgsind, holada reidulia,
und jagt des Teufelsgsind aus da Mühl.

Eine Mühlensage aus dem Volksliedschatz der Singenden Schulmeister von Ampflwang, aufgezeichnet 1934, gesetzt von Oberlehrer Sepp Karl, Vöcklabruck, in den 1950er Jahren.

Sagen, Gemeinden, Regionen

Salzkammergut und Inneres Salzkammergut
Der Schatzhüter auf der Wunderburg, *Gmunden* – S. 136
Die Nixe vom Laudachsee, *Gmunden* – S. 65
Der Dank der Bergmandln, *Gmunden* – S. 18
Die »Schlafende Jungfrau«, *Gmunden, Ebensee* – S. 134
Der Viechtauerwind, *Traunkirchen* – S. 131
Das Bergweibl vom Rindbach, *Ebensee* – S. 29
Die kleine »Gathl« und der Erzherzog, *Ebensee* – S. 126
Der Kreuzstein von Bad Ischl – S. 103
Die Ruine Wildenstein, *Bad Ischl* – S. 87
Zimnitzgeist und Trefferwandmandln, *Bad Ischl* – S. 31
Mooswald, *Bad Ischl, Hallstatt* – S. 27
»Maria im Schatten«, *Lauffen* – S. 141
Das Goiserer Bergmandl, *Bad Goisern* – S. 15
Das Wilde Gjaid, *Bad Goisern, Attersee, Mondsee* – S. 77
»Hier schau!«, *Hallstatt* – S. 20
Wildfrauen, *Hallstatt* – S. 51
Das Kreuz des Kaisers, *Hallstatt, Obertraun* – S. 125

Mondseeland – Attergau
Auf der Ruine Wartenfels, *Fuschlseeregion-Mondseeland* – S. 82
Der verhexte Melkschemel, *Zell am Moos* – S. 112
Die Gründungssage des Klosters Mondsee – S. 128
»Maria Hilf« in Mondsee – S. 145
Die Wurzenmänner von 1774, *Mondsee* – S. 25
Von Irrlichtern, Buchel- und Fuchtelmandln, *Mondsee, Unterach am Attersee* – S. 71
Das Laurentius-Patrozinium, *St. Lorenz* – S. 153
Die Mondseer Drachenwand, *St. Lorenz* – S. 96
Die Schatzwand, *St. Lorenz* – S. 154
Das Mooshäusl, *St. Lorenz* – S. 156
Das Venedigermandl am Klausbach, *St. Lorenz* – S. 159
Triftklause und Thekla-Kapelle, *St. Lorenz* – S. 160
Die kleine Thekla, *St. Lorenz* – S. 162

Teufelsabbiss, *Unterach am Attersee, St. Gilgen* – S. 109
Teufelsabflug, *Unterach am Attersee, St. Gilgen* – S. 110
Wellenglitzern, *Steinbach am Attersee* – S. 63
Undine – S. 66
Das Zinnglöckerl von Steinbach am Attersee – S. 146
Die Hundsquelle von Steinbach am Attersee – S. 147
's Bramhosn, *Steinbach am Attersee* – S. 58
Das Waldweibl, *Steinbach am Attersee* – S. 48
Kasermandln oder Alberl, *Steinbach am Attersee* – S. 45
Das Teufelsloch über der Teufelslochriese, *Steinbach am Attersee* – S. 105
Die drei Mühlenliachtln, *Höllengebirge* – S. 89
Der Bär und der kleine Drache, *Höllengebirge* – S. 95

Kremstal, Totes Gebirge, Pyhrn-Priel

Der Brennzelten, *Kirchdorf an der Krems* – S. 40
Bergfräulein, *Grünau im Almtal* – S. 54
Das Büchlein des Venedigermandls, *Roßleithen* – S. 116
Auf der Hutterer Alm, *Vorderstoder, Hinterstoder* – S. 35
Das Mandl mit der Gerstenähre, *Vorderstoder* – S. 37
»Raucher Wurm« und »Krönlnatter«, *Vorderstoder* – S. 60
Der Lindwurm im Stoder, *Hinterstoder* – S. 98
Der Brotfall, *Hinterstoder* – S. 120
Wetterlucken, *Pyhrn-Priel* – S. 119

Salzburger Land

's Mühlmandl – S. 43

Alpenländische Weisen

Auf'm Bergerl is a Manderl – S. 167
Da drunt beim Bach – S. 168

Wissenschaftliche und heimatkundliche Auskünfte

Aichstill Josef, vlg. Faschinger, Unterach am Attersee
Altmünster, Gemeindeamt
Antensteiner Heinrich und Rosina, Vorderstoder
Antensteiner Johann und Leopoldine, vlg. Stummer, Roßleithen
Becker Michael, Dr., Direktor des Salzburger Freilichtmuseums Großgmain
Bad Goisern, Marktgemeinde
Brehm Günther, Haus der Natur, Salzburg
Czurylo Richard, Mag., Pfarrer von Lauffen
Dollinger Franz, Dr., Land Salzburg
Eberl Johannes, Kons., Bad Ischl
Eder Rudolf, Unterach am Attersee
Eidenberger Karin, Direktorin der Landesmusikschule Vöcklabruck
Erzdiözese Salzburg, Diözesanarchiv
Federspiel Franz, DI, Bad Ischl
Gerlach Franziska, Steinbach am Attersee
Glück Gertraud, AL, Vöcklabruck
Gratzer Stefan, Ebensee
Hauzenberger Franz, Vöcklabruck
Hemetsberger Karl, vlg. Schwarzenbacher Karl, Holzknecht, Unterach am Attersee
Hödlmoser Herta, vlg. Hütter, Kreutern, Bad Ischl
Ibriks Christine, O.ö. Landesbibliothek, Linz
Javorsky Harry und Margarete, Gmunden
Kalleitner Michael, vlg. Mooshäusler, St. Lorenz am Mondsee
Karl Klaus, Dkfm., Ottensheim
Klinser Andreas, Vorderstoder
Kneißl Willi, vlg. Hauser z' Blümigen, Steinbach am Attersee
Kraus Charlotte, Haus der Natur, Salzburg
Lanz Hadmar, Dr., Unterach am Attersee
Lanz Hedwig, Unterach am Attersee
Leitner Mathias, Unterach am Attersee
Lettl Eva, DI, BDA Linz

Lindbichler Ernst und Rosa, Vorderstoder
Lindner Margit, Tourismusverband Almtal, Grünau im Almtal
Lindtner Johann, Mag., Gilgenberg
Lobitzer Harald, Dr., Oberrat, Bad Ischl
Loy Josef, Steinbach am Attersee
Mayrhofer Willibald, Reg. Rat, Oö. Landesarchiv, Linz
Meindl Koloman, St. Lorenz a. Mondsee
Morbitzer Josef, Bad Ischl
Muellegger Siegfried, vlg. Hütter, Kreutern, Bad Ischl
Neudorfer Irmgard, OSR; Kons., Pfaffing
Ramsebner Gottfried und Johanna, Vorderstoder
Riesner Franz, Unterach am Attersee
Riesner Herbert, Kons., Mondsee
Riesner Maria, Mondsee
Rinnerthaler Eva, Land Salzburg, Landesarchiv
Sams Siegfried sen., vlg. Wimmerbauer, Kreutern, Bad Ischl
Sankt Gilgen, Polizeiinspektion
Schachl Josef, vlg. Hanslbauer, Gries, St. Lorenz am Mondsee
Schausberger Helmut, Vöcklamarkt
Schneider Josefa sen., vlg. Schmied in Loibichl am Mondsee
Schneider Josefa jun., Pfarramt Mondsee
Sieberer Karoline, vlg. Steinwänder, Grünau im Almtal
Sieberer Katharina, vlg. Steinwänder, Grünau im Almtal
Speigner Franz und Helga, vlg. Nazlgut, Unteracham Attersee
Spiesberger Josef, Oberjäger, Weißenbach am Attersee
Thalgau, Marktgemeinde
Urstöger Hans Jörgen, Hallstatt
Urstöger Fritz, vlg. Schlögnerbad Fritz, Holzknecht, Gosau
Weichenberger Josef, Oö. Landesarchiv, Linz
Weinberger Felix, Mag., Land Oberösterreich, Steinbach am Attersee
Weninger Josef, Mag., Weißenkirchen im Attergau
Wenter Anne-Lu-Ilse, OSR, Mondsee
Wienerroither Aloisia, Mondsee
Wirobal Karl, Hallstatt
Zauner Peter, Wiss. ORat Mag., Oberösterreichisches Landesarchiv
Zauner Wilhelm, Vorderstoder

LITERATURVERZEICHNIS

1) Monografien und Zeitschriften

Barth Friedrich, 1964, Beitrag zur Geschichte der Burg Wildenstein. in: Mitteilungen des Ischler Heimatvereines 10/1964. Neudruck in: »Helft Wildenstein retten«. Mitteilungen des Ischler Heimatvereines 23/1997.

Barth Friedrich, 1975, St. Wolfgang. Marktgemeinde St. Wolfgang im Salzkammergut. Eigenvlg.

Baumgarten Amand, Aus der volksmäßigen Ueberlieferung der Heimat. I. Zur volkstümlichen Naturkunde. in: 22. Bericht über das Museum Francisco-Carolinum, Linz, 1862, und 24. Bericht, Linz, 1864.

Bayer Pauline, 1941, Die drei Mühlenlichtl. in: Der Frankenburger, 1. Jg.

Ber Patrik, 2008, Wallfahrtskirche Maria im Schatten, Lauffen. Bad Ischl, Gmunden, Salzkammergut-Media GmbH.

Braumann Franz, 1970, Sagenreise durch Oberösterreich. 2. unveränd. Aufl. Linz. OÖ. Landesverlag.

Braumann Franz, 1974, Alpenländische Sagenreise. Linz, OÖ. Landesverlag.

Depiny Adalbert, 1932, Oberösterr. Sagenbuch. Linz, R. Pirngruber.

Gemeinde Steinbach am Attersee, 1986, Steinbach am Attersee, Eigenverlag.

Götting Wilhelm, Burgruine Wildenstein. in: Mitteilungen des Ischler Heimatvereines 10/1964. Neudruck in: »Helft Wildenstein retten«. Mitteilungen des Ischler Heimatvereines 23/1997.

Haas Karl, 1976, Thalgauer Heimatbuch. Salzburg. Salzburger Druckerei. 1. Aufl.

Haßlwander Jolanthe, 2005, Sagen aus dem Salzkammergut. Steyr, Ennsthaler Verlag.

Hitzenberger Sabine, 1989, Sagen und Märchen vom Traunsee. Seewalchen, Vereinigung Secession LXXXVIII.

Kaftan Erika, 1992, Wanderungen in der Sagenwelt des Salzkammergutes. Linz, Landesverlag im Veritas Verlag.

Kanzler G. J., 1881, Das Pfleggericht Wildenstein. Geschichte des Marktes und Kurortes Ischl samt Umgebung von den ältesten Zeiten bis zur Gegenwart. Ischl. Neudruck in: »Helft Wildenstein retten«. Mitteilungen des Ischler Heimatvereines 23/1997.

Karl Sepp, 1984, Sing ma a Liadl. Alpenländische Kinderlieder. München, Musikverlag Josef Preissler.

Koller Fritz, 1987, Das Salzburger Landesarchiv. Salzburg, Universitätsverlag Anton Pustet.

Koller Manfred, 2002, Das Opus Thiemonis – Kunststeinverwendung in Salzburg im Hoch- und Spätmittelalter. in: Mitteilungen der Gesellschaft für Salzburger Landeskunde.

ders., Paschinger Hubert, Richard Helmut, 1997, Untersuchungen zur Guss-Steintechnik der Spätgotik in Mitteleuropa. In: Restauratorenblätter Bd. 18 zum Thema Gefasste Skulpturen I Mittelalter.

Krackowizer Ferdinand, Dr., 1925, Das Burgstall auf dem Guglberg. Gmunden, Deutscher Turnverein Gmunden, im Selbstverlag.

Lobitzer Harald, Schlaginweit Felix, 2008, Die Ischler Kreuzsteinsage und die Geologie. In Mitteilungen des Heimatvereines 27/2008.

Marktgemeinde Ebensee, 1979, Festschrift zur 15. Wiederkehr der Markterhebung. Hitzl, St. Georgen. Eigenverlag.

Morscher Wolfgang, Berit Mrugalska, 2010, Die schönsten Sagen aus Salzburg. Innsbruck, Haymon-Verlag.

Mück Alfred, 1937, Unterach am Attersee. Geschichte einer Salzkammergut-Sommerfrische. Wels, Welsermühl.

Müllegger Franz, Erich Lechner, 1960, Arbeitsbericht Wildenstein. in: Mitteilungen des Ischler Heimatvereines 8/1960. Neudruck in: »Helft Wildenstein retten«. Mitteilungen des Ischler Heimatvereines 23/1997.

Neudorfer Franz, 1981, Um d'Weihnachtn. Gedichte in oberösterreichischer Mundart. Linz, Oö. Landesverlag.

ders., 1982, Nach da Arbeit. Gedichte in oberösterreichischer Mundart. Linz, Oö. Landesverlag.

ders., 1984, Unta an blüahadn Bam. Gedichte in oberösterreichischer Mundart. Vöcklamarkt, Eigenverlag Franz Neudorfer.

Prillinger Franz, um 1966, G'schichten aus dem Gmundner Landl. Gmunden, Heinrich Javorsky.

Proschko Hermine, 1886, Seerosen. Gmunden, Vlg. Johann Habacher.

Ramsebner Gottfried, 1992, Sagen und Märchen aus dem Pyhrn-Priel. Eigenverlag.

Reisenbichler Maria, 1926, Heimatlieb. Sagen und Erzählungen aus Hallstatt. Linz. R. Pirngruber.

Reisinger Anton, 1982, Die Laurentiuskirche in der Wasserlos am Mondsee. Neumarkt, Neumarkter Druckerei GesmbH.

Reisinger Anton, 2006, Wundersames Mondseeland. Sagen, Legenden und Erzählungen für Kinder und Erwachsene. Herausgegeben vom Museum Mondseeland. Mondsee, Verlag Omnipublica.

Schauber Vera, Schindler Hanns Michael, 1999, Bildlexikon der Heiligen. Augsburg, Pattloch-Vlg.

Weidinger Erich, 1989, Sagen und Märchen vom Attersee, 1. Aufl. Seewalchen, Vereinigung Secession LXXXVIII.

Weidinger Erich, 1990, Sagen und Märchen vom Attersee, 2. erw. Aufl. Seewalchen, Vereinigung Secession LXXXVIII.

Wendl Franz, 1998, 1250 Jahre Mondsee. Klostergeschichte. Mondsee, Eigenverlag.

Wenter Anne-Lu-Ilse, 2010, Theklakapelle. in: Pfarrzeitung Pfarre St. Michael Mondsee 34/14.

Zaisberger Friederike, Schlegel Walter, 1992, Burgen und Schlösser in Salzburg. Band 2: Flachgau und Tennengau. Wien, Birkenverlag.

Zöhrer Ferdinand, 1881, Natur-, Lebens- und Reisebilder aus Oesterreich. Ob der Enns. Reisehandbuch für das Salzkammergut und die übrigen Alpengebiete von Oberösterreich. Gera, Amthor.

2) Internet

http://www.burgenseite.com/wartenfels txt.htm (13. 06. 2014)
http://de.wikipedia.org/wiki/RuineWartenfels (Thalgau) (13. 06. 2014)
http://fuschlsee.salzkammergut.at/oesterreich/poi/401036/ruine-wartenfels (13. 06. 2014)

Biografie

Lebendiges Brauchtum, überall zwischen dem Atterseeufer und der Rotwand im Höllengebirge. Veronika und Karl mitten drinnen. Sie, geboren am 24.6.1940 in Unterach am Attersee, Arbeitslehrerin für Handarbeit und Hauswirtschaft, näht neben ihrer Erziehertätigkeit aus kariertem Baumwollstoff Dirndlkleider für die Mädchen und Hemden für die Buben im Bezirkskinderheim Steinbach am Attersee; er, am 2.1.1941 in Vöcklabruck geboren und provisorischer Volksschullehrer in Steinbach, erwandert mit heimatkundlichen Fragebögen die Höfe von Kaisigen.

Seit 3. März 1962 gibt es Veronika und Karl Pangerl. Kulturjournalismus nennt Wirkl. Hofrat Dr. Otto Wutzel, Herausgeber der Kulturzeitschrift Oberösterreich, das Tun der beiden. Schwarzweißfotografie, selbst entwickeln und vergrößern. Block und Bleistift formen Bilder in Worte um, das Objektiv bewirkt das Gegenteil.

Hochwinter. Veronika und Karl unterwegs. Wie immer auf ungewöhnlichen Wegen, und die führen über den Kienbach. Er hilft galant über die vereisten Steine im Bachbett...Im Bus wundern sich die Fahrgäste, warum sich beim Kartenlösen kleine Pfützen um die Schuhe des neuen Lehrers bilden.

Unvergessen die Arbeit mit Bezirksschulinspektor Reg.-Rat Franz Neudorfer für drei seiner Mundartbände: »Um d'Weihnachtn« 1981 mit Bildern der Kalß-Krippe in Bad Ischl, »Nach da Arbeit« mit urwüchsigen Bauernspielen in der guten Stube von Revierjäger Georg Spießberger in Weyregg, demonstriert vom Hausherrn und Weyregger Holzknechten, und »Unta an blüahadn Bam« 1984.

Nehmen wir Teile für das Ganze, sind Einladung und Publikation dreier Bilder in »Zeitaufnahmen im Bild 1945 bis heute« von Univ. Doz. Dr. Gerhard Jagschitz zu nennen, herausgegeben von der österreichischen Bundesregierung in Zusammenarbeit mit dem Institut für Zeitgeschichte der Universität Wien, 1982: »Kornschnitt in Lichtenbuch«, »Bäurin beim Wäschewaschen in der Aurach« und »Bergbauernbegräbnis in Heiligenblut am Großglockner«.

Im selben Jahr bringt Generalkonsul Paul Sappl in Kufstein Veronikas Lehrtafeln für textiles Werken heraus, approbiert in Österreich, Deutschland und Lesotho. Eine 17-jährige Zusammenarbeit mit der Kulturzeitschrift Oberösterreich, den späteren Blickpunkten, nimmt ihren Anfang, begleitet von Publikationen in österreichischen und deutschen Alpinverlagen zum Thema Familien- und Kinderbergsteigen in den oberösterreichischen Kalkalpen, den Hohen Tauern, Ötztaler und Stubaier Alpen.

1992 lädt Otto Wutzel zur Mitwirkung in »Handwerksherrlichkeit. Das Handwerk in Vergangenheit und Gegenwart«. Das Abschlussgitter der Stiftskirche Lambach, die Ewig-Licht-Ampel von Stadl-Paura, der Apostelleuchter in der Pfarrkirche von Neukirchen bei Lambach, die Balkendecke im Renaissancezimmer und das Bildnis der Familie Staniek im Biedermeierzimmer des Heimathauses Vöcklabruck sowie die Wurmansquiker-Kerze in der Wallfahrtskirche St. Florian bei Helpfau im Innviertel stehen auf der Wunschliste.

Gleichfalls 1992 entsteht im Zusammenwirken von Theresia Hofmann und Dr. Karl Martin Pangerl aus der Korrespondenz der Umweltpreisträgerin mit hochgestellten Persönlichkeiten das zweisprachige und innerhalb weniger Wochen vergriffene Umweltgeschenkbuch »Dialog der Horizonte«.

2013 nimmt Mag. Richard Pils Veronika und Karl Pangerl mit »Kühbüabln und Fingerhosn. Zu verschwiegenen Motiven in der österreichischen Bergwelt«, einem landschaftsbiografischen Bildband mit Texten, in den Verlag Bibliothek der Provinz auf.

Veronika und Karl Pangerl
Kühbüabln und Fingerhosn
Zu verschwiegenen Motiven
in der oberösterreichischen Bergwelt
38 € / ISBN 978-3-99028-092-8
28 x 24 cm, 205 S., zahlr. Illustrationen

SAGENBÜCHER im *Verlag* Bibliothek der Provinz:

Auer Martin,
Linda Wolfsgruber
Von den Wilden Frauen
Die Sagen der Saligen
22 € / ISBN 3 85252 382 6

Bauer Eva
Wien in seinen Sagen
illustriert von Joseph Kühn
22 € / ISBN 3 85252 324 9

Burkert Hagen
Sagen aus der Steiermark
7 € / ISBN 978 3 99028 141 3

Hofmann Thomas
Das Weinviertel in seinen Sagen
22 € / ISBN 3 85252 359 1

Kramer Josef
Das Innviertel in seinen Sagen
19 € / ISBN 3 85252 046 0

Das Mühlviertel in seinen Sagen
20 € / ISBN 978 3 99028 234 2

Krenn Claudia
Das Mostviertel in seinen Sagen
Vor Einbruch der Dunkelheit
19 € / ISBN 978 3 85252 786 4

Meissel Wilhelm
Das Mädchen aus dem Straußenei
Märchen und Sagen aus dem südlichen Afrika, illustriert von Helga Lauth
20 € / ISBN 978 3 85252 724 6

Pils Richard
Das Waldviertel in seinen Sagen
22 € / ISBN 978 3 85252 039 1
Die Wachau in ihren Sagen
20 € / ISBN 978 3 99028 387 5
Kefermarkt in Sagen und Erzählungen
10 € / ISBN 978 3 900878 46 7
Sagen und Erzählungen aus Österreich ob der Enns
von 1834
15 € / ISBN 3 900878 58 7

Polzer Daniel
Das kleine Kärntner Sagenbüchlein
9 € / ISBN 978 3 99028 144 4

Stolte Reiner
Die Troja Sage
Kinderbuch frei nach Gustav Schwab
20 € / ISBN 3 85252 587 X

Weidinger Erich
Das Hausruckviertel in seinen Sagen
Sagenreise mit Bildern von Johann Mayrhofer
19 € / ISBN 3 85252 047 9

BILDVERZEICHNIS

Frey Theresia, Ebenseer Kreuzstich, Nelkenmotiv mit Granatäpfeln: Seite 30

Haus der Natur, Museum für Natur und Technik, Salzburg; Charlotte Kraus, Öffentlichkeitsarbeit,. Aufnahme: Martin Kyek, 2013, Publikationsgenehmigung vom 6.8.2014 – Ringelnatter, »Krönlnatter« oder »Schlangenkönigin«: Seite 61

Kalleitner Michael, vlg. Mooshäuslr, St. Lorenz am Mondsee, mit freundlicher Erlaubnis: Seite 157

Karl Klaus Dkfm., Ottensheim, mit freundschaftlicher Erlaubnis: Seite 166-169

Kerzenstube Mondsee neben der Basilika, mit freundlicher Erlaubnis zur Verwendung eines Grundmodells für die Gestaltung des Hallstätter Feuermandls: Seite 24

Loy Josef, Pfarr- und Gemeinderat, Obmann des Heimathausvereines Steinbach am Attersee, mit freundlicher Erlaubnis: Seite 147, 149

Neudorfer Irmgard, Kons., OSR, mit freundlicher Erlaubnis zur Verwendung der Texte: Seite 65, 81

Pangerl Karl Dr.: Seite 38, 76, 78, 102, 107, 124, 132, 135, 152

Pangerl Veronika Jr.: Seite 32, 97, 108

Riesner Herbert, Konsulent, Geschäftsführender Obmann des Heimatbundes Mondseeland, mit freundschaftlicher Fotoerlaubnis: Seite 26, 113, 129

TV-Gmunden 1861, mit freundlicher Genehmigung: Seite 137

Verlag Bibliothek der Provinz

Literatur, Kunst und Musikalien